遺すため受け継ぐための入門書

一夜漬け
相続税・贈与税
改訂版

Emiko Kanai
金井 恵美子

正しい知識で不安を解消しませんか?

相続についての民法のきまりと
相続税・贈与税の全体像を
コンパクトにまとめた入門書!

5分間
レクチャー付

税務経理協会

はじめに

相続税の基礎控除額は，平成27年に従前の６割に引き下げられました。以来，課税割合（亡くなった方のうち相続税の課税対象となった人数の割合）は，８％程度で推移しています。相続税は，一握りのお金持ちの税金ではなくなりました。多くの方は，相続税がどれだけかかるのかを心配され，できるだけ相続税の負担を軽くしたいという希望を持っておられます。当然のことでしょう。

しかし，相続税を安くする目的は何であるのかを考えていただきたいと思います。それは，残された遺族が幸せになるためです。夫や妻，親や兄姉の死という悲しみを乗り越え，遺族が協力してより豊かに幸せに暮らしていくために，遺された財産を減らす相続税の負担は，できれば少ない方が良いのです。

ところが，その本来を見失い，相続税を安くすることこそが目的となってしまっている場合があります。課税上有利だからという理由で，事業計画を十分検討しないままにマンション賃貸事業を始めたり，処分に困るような不動産を購入したり，無計画な生前贈与を行ったり……。そのせいで，財産そのものが減少しあるいは借金が増加してしまったケースや，家族の不仲を招いてしまったケースもあります。

相続税対策という呪文にかかって失敗する原因は，正しい知識が不足しているからではないでしょうか。相続に関する民法の定めと相続税についての正しい理解は，多くの不安を解消します。

本書は，「一夜漬け」シリーズとして，平成29年に初版を発行し，この度は，その後の改正等に対応するため，改訂を行いました。ご家族が相続について話し合われるときや専門家に相談されるときに，知っておきたい基礎知識をわかりやすく解説しています。最終章の「遺すため受け継ぐための相続対策」（相続税対策ではありません）は，家族の幸せにつながる円満な相続にするための対策の検討です。

「一夜漬け」は，多くの時間を労せず，正しい知識でことに向き合っていただきたいという筆者の応援の気持ちを表現したものです。みなさまのお役に立つものと信じて本書をお届けいたします。

令和２年12月15日

税理士　金井　恵美子

CONTENTS

はじめに
凡　例

第1章　民法の基礎知識 …… 1

5分間レクチャー！ この章のポイント …… 2
1　相続の開始 …… 4
2　法定相続人 …… 5
3　代襲相続 …… 6
4　養子の取扱い …… 7
5　相続人の欠格事由と排除 …… 8
6　法定相続分 …… 9
7　特別受益の持戻し …… 11
8　寄与分 …… 13
9　特別寄与料 …… 15
10　相続の承認と放棄 …… 16
11　借金がある場合の相続放棄 …… 18
12　遺産の分割 …… 20
13　遺　言 …… 22
14　自筆証書遺言 …… 24
15　公正証書遺言 …… 26
16　秘密証書遺言 …… 29
17　「相続させる」遺言の効力 …… 30
18　遺贈と死因贈与 …… 32
19　包括遺贈 …… 33
20　特定遺贈 …… 34
21　条件付きの遺贈 …… 35

22 後継ぎ遺贈 …… 36
23 遺　留　分 …… 37
24 遺留分侵害額請求 …… 39
25 配偶者短期居住権 …… 42
26 配偶者居住権 …… 44
27 遺産分割前の預貯金の払戻し …… 46
28 贈　　与 …… 47

第２章　相続税のしくみ …… 49

5分間レクチャー！この章のポイント …… 50
1 相続，遺贈，贈与の課税関係 …… 51
2 なぜ相続税があるのか …… 53
3 どのような場合に相続税が課税されるのか …… 54
4 相続税の納税義務者 …… 55
5 相続税，被相続人の所得税及び消費税の申告期限 …… 57
6 延納・物納・連帯納付 …… 58
7 加算税・延滞税 …… 60

第３章　相続税の計算手順 …… 61

5分間レクチャー！この章のポイント …… 62
1 正味の遺産額 …… 63
2 相続税の総額 …… 64
3 各人の納付税額 …… 65
4 相続人と法定相続人の数 …… 66
5 基礎控除額と税率 …… 69
6 相続税額の計算の具体例 …… 70

第４章　課税される財産と課税されない財産 …… 73

5分間レクチャー！この章のポイント …… 74
1 相続税の課税対象となる財産 …… 75

2 相続税の非課税財産 …… 77
3 お墓や仏具の非課税 …… 78
4 生命保険金等の非課税 …… 79
5 相続放棄と生命保険金 …… 80
6 生命保険金の課税関係 …… 81
7 生命保険契約に関する権利 …… 82
8 退職手当金等の非課税 …… 83
9 年金受給権 …… 84
10 土地の評価方法 …… 85
11 路線価方式の土地の評価 …… 86
12 小規模宅地等の特例 …… 89
13 借地権の評価（土地を借りている場合）…… 90
14 貸宅地の評価（土地を貸している場合）…… 91
15 家屋の評価 …… 92
16 貸家と貸家建付地の評価 …… 93
17 配偶者居住権の評価 …… 95
18 配偶者居住権のその後の課税関係 …… 98
19 上場株式の評価 …… 99
20 ゴルフ会員権の評価 …… 100
21 贈与財産の加算（暦年課税）…… 101

第５章　債 務 控 除 …… 103

5分間レクチャー！ この章のポイント …… 104
1 債 務 控 除 …… 105
2 債務（借金等）の控除 …… 106
3 未納の税金 …… 107
4 住宅ローンと団体信用保険 …… 108
5 葬式費用の控除 …… 109

第６章　２割加算と税額控除 …… 111

5分間レクチャー！この章のポイント …… 112
1　相続税額の２割加算 …… 113
2　贈与税額控除（暦年課税） …… 115
3　配偶者の税額軽減 …… 116
4　未成年者控除 …… 118
5　障害者控除 …… 119
6　相次相続控除 …… 120
7　外国税額控除 …… 121

第７章　贈与税のしくみ …… 123

5分間レクチャー！この章のポイント …… 124
1　贈与税の概要 …… 125
2　暦 年 課 税 …… 127
3　暦年課税による贈与税の計算の具体例 …… 129
4　相続時精算課税 …… 130
5　相続時精算課税による贈与税の計算の具体例 …… 133
6　住宅取得等資金の贈与に係る相続時精算課税の特例 …… 134
7　住宅取得等資金の贈与の非課税の特例 …… 136
8　贈与税の配偶者控除 …… 139
9　教育資金の一括贈与の非課税の特例 …… 140
10　結婚・子育て資金の一括贈与の非課税の特例 …… 144

第８章　納税猶予，出国税 …… 147

5分間レクチャー！この章のポイント …… 148
1　農地等に係る贈与税・相続税の納税猶予 …… 149
2　非上場株式等に係る贈与税・相続税の納税猶予（事業承継税制） …… 152
3　個人事業者の事業用資産に係る贈与税・相続税の納税猶予
（個人版事業承継税制） …… 153

4 特定の美術品についての相続税の納税猶予 …… 154
5 その他の納税猶予 …… 155
6 国外転出時課税制度 …… 156

第9章 税務調査 …… 159

5分間レクチャー！ この章のポイント …… 160
1 相続税の税務調査 …… 161
2 事前通知と準備 …… 162
3 税務調査の流れ …… 163
4 税務調査の終了 …… 164

第10章 遺すため受け継ぐための相続対策 …… 165

5分間レクチャー！ この章のポイント …… 166
1 なぜ遺産分割をめぐる争いが起こるのか …… 167
2 財産の棚卸しと家族の話し合い …… 168
3 生前贈与の留意点 …… 169
4 相続時精算課税の留意点 …… 170
5 遺言の付言事項 …… 171
6 遺産分割協議は冷静に …… 172
7 遺産分割はやり直せるか …… 173
8 債務の分割 …… 174
9 限定承認をした場合 …… 176
10 主な遺産が不動産である場合 …… 177

巻末資料 …… 179

1 相続税の基礎控除額の早見表 …… 180
2 相続税の速算表 …… 180
3 相続税額の早見表（法定相続分を相続した場合の相続税額） …… 181
4 奥行価格補正率表 …… 183
5 側方路線影響加算率表 …… 184

6 二方路線影響加算率表 …… 184
7 贈与税の速算表 …… 184
8 贈与税額の早見表（特例税率） …… 185
9 直系尊属の範囲 …… 186
10 贈与税の非課税　「教育資金」と「結婚・子育て資金」…… 187
11 相続時精算課税と住宅取得等資金の非課税 …… 188
12 配偶者居住権の評価に使用する平均余命年数（抄） …… 188
13 配偶者居住権の評価に使用する複利現価率 …… 189

【凡　例】

本書の 参　照 で使用している主な法令等の略語は，次のとおりです。

略語表記	法令及び通達等
相法	相続税法
相令	相続税法施行令
相規	相続税法施行規則
相基通	相続税法基本通達
評基通	財産評価基本通達
通則法	国税通則法
所法	所得税法
所令	所得税法施行令
所基通	所得税基本通達
措法	租税特別措置法
措令	租税特別措置法施行令
措規	租税特別措置法施行規則
措通	租税特別措置法関係通達
経営承継円滑化法	中小企業における経営の承継の円滑化に関する法律

※　本書の内容は，令和２年10月１日現在の法令・通達等によっています。

第1章

民法の基礎知識

5分間レクチャー！ この章のポイント

1　相　　続

相続は，人が現実に死亡した瞬間に開始します。現預金や土地建物等の資産はもちろん，借金などの負債も相続の対象となります。

2　相続人と相続分

配偶者は，常に相続人となります。配偶者に加え，被相続人に子があるときは子，子がないときは親，子も親もないときは兄弟姉妹が相続人になります。

子の相続分は $\frac{1}{2}$，親の相続分は $\frac{1}{3}$，兄弟姉妹の相続分は $\frac{1}{4}$ です。

ただし，遺産の分割は法定相続分どおりに行う必要はなく，相続人全員の合意により，自由に分割することができます。

3　相続の放棄

相続の放棄は，相続の開始があったことを知った時から３ヶ月以内に，その旨を家庭裁判所に申述して行います。相続の放棄は，撤回することはできません。ただし，詐欺又は強迫によって行った放棄は，取り消すことができます。

4　遺　　言

遺言により，人はその死後においても自己の財産を自由に処分することができます。ただし，遺留分を侵害した遺贈は，遺留分権利者からの請求によって制限されることになります。

遺言は，法定の方式によらなければなりません。自筆証書遺言は，遺言者が，その全文，日付及び氏名を自筆し，押印して作成します。別紙添付する財産目録以外は代筆やワープロソフト等による作成は認められず，不備により無効になったり，滅失したりする危険があります。ただし，法務局による保管制度を利用することができます。公正証書遺言は，遺言者が遺言内容を口授し，公証人が作成します。方式の不備により無効となることはなく，原本が公証役場に保管されるため，破棄や，隠匿される心配もありません。

5　包括遺贈

「遺贈」とは，遺言によって受遺者に対し無償で財産を与えることです。

遺産の全部又は一定割合による部分を与える遺贈を「包括遺贈」といいます。包括受遺者は相続人と同一の権利義務を有し，遺産分割にも参加することになります。遺言者に消極財産（借金などの負債）があれば，遺贈の割合に従って引き受けなければなりません。

包括遺贈の放棄は，相続の放棄と同様に，遺贈のあったことを知った日から３ヶ月以内に家庭裁判所で，手続きを行います。

6　特定遺贈

包括遺贈以外の遺贈を「特定遺贈」といいます。特定受遺者は，相続人に意思表示をすることによりいつでも遺贈を放棄することができます。

7　遺留分

自己の財産を遺言によって自由に処分できるものとする遺言自由の原則の一方で，兄弟姉妹以外の相続人には，相続人の相続期待利益を保護する遺留分が定められています。遺留分は，原則として法定相続分の $\frac{1}{2}$ です。遺留分の侵害に対する請求権は，相続の開始後１年で，時効によって消滅します。

8　贈与

贈与は，当事者の一方が自己の財産を無償で与える意思を示し，相手方が受諾をすることによって，効力が生じます。贈与契約は口約束であっても成立しますが，書面によらない贈与は，履行の終わった部分を除いて，各当事者が自由に撤回することができます。

1 相続の開始

参照　民法30，31，882

Point

■相続は，人の死亡によって開始する

■被相続人の死亡の日が「相続の開始があったことを知った日」

1 相続の開始

「相続の開始」とは，人の死亡によって，その人と身分関係を持つ人（配偶者や子など）が死亡した人に帰属する権利義務を包括的に承継する法律効果（相続）が発生することをいいます。

死亡した人（被相続人）の現預金や土地建物等の資産（積極財産，プラスの財産）はもちろん，借金などの負債（消極財産，マイナスの財産）も相続の対象となります。

2 相続開始の時期

民法882条は，「相続は，死亡によって開始する」と規定し，人の死亡を相続開始の唯一の原因としており，相続は人が現実に死亡した瞬間に開始します。

ただし，配偶者や相続人等が裁判所に申し立てて失踪宣告を受け死亡したとみなされる場合も，相続が開始します。失踪宣告によって死亡とみなされる場合には，普通失踪では７年間の失踪期間満了の時に，危難失踪では危難の去った時に相続が開始します。

3 相続の開始があったことを知った日

「相続の開始があったことを知った日」とは，社会通念上死亡を知り得た日をいいます。したがって，一般には被相続人の死亡の日が「相続の開始があったことを知った日」ということになります。

法律の不知により自らが相続人となることを知らないということは，通常，相続開始があったことを知った日を遅らせる理由になりません。

2　法定相続人

参　照　民法886，887，889，890，939

Point

■配偶者は常に相続人

■配偶者と共に；子 → 親 → 兄弟姉妹の順に相続人

1　法定相続人の範囲

民法は，相続人を次のように定めています。

<table>
<tr><td rowspan="4">相続人</td><td colspan="2">配　偶　者</td><td>被相続人の配偶者は常に相続人となる。</td></tr>
<tr><td rowspan="3">次の順序で配偶者とともに相続人になる</td><td>第１順位</td><td>子</td></tr>
<tr><td>第２順位</td><td>直系尊属（父母や祖父母等）
※　父母も祖父母もいるときは，被相続人により近い世代である父母の方を優先する。
※　子がいないときに相続人になる。</td></tr>
<tr><td>第３順位</td><td>兄弟姉妹
※　子及び直系尊属がいないときに相続人になる。</td></tr>
</table>

※　相続を放棄した人は，初めから相続人でなかったものとみなされます。

※　内縁関係の妻又は夫は，相続人に含まれません。

※　胎児は，相続については，既に生まれたものとみなされます。ただし，胎児が死体で生まれたときは，相続人となりません。

2　法定相続情報証明制度

平成29年５月29日から，各種手続きに利用することができる「法定相続情報証明制度」が始まりました。法定相続情報証明制度とは，法務局に被相続人の戸籍謄本のすべてと相続関係を示す図（法定相続情報一覧図）を提出した場合に，法務局が，その法定相続情報一覧図に認証を付した写しを交付する制度です。

財産の名義変更等を行うためには，法定相続人を明らかにするために，被相続人の戸籍謄本を手続きのたびに提出する必要がありますが，法定相続情報一覧図で代用することができます。

3　代襲相続

参照　民法887，889～892，901，1044

Point

■子や兄弟姉妹が被相続人より先に死亡している場合には代襲相続

■被相続人の子の代襲相続は無限，兄弟姉妹の代襲相続は一代限り

相続人となるべき子が被相続人よりも先に死亡している場合には，その先に死亡した人の子（被相続人の孫）が相続人となります。

また，相続人となるべき兄弟姉妹が被相続人よりも先に死亡している場合には，その先に死亡した人の兄弟姉妹の子（被相続人の甥，姪）が，相続人となります。

これを「代襲相続」といい，代襲相続する人を「代襲相続人」といいます。

代襲相続の原因は次に限られ，相続の放棄をした場合には代襲はありません。

代襲相続の原因
・　相続開始以前の死亡 ・　相続欠格 ・　推定相続人の廃除（被相続人の子のみの代襲原因）

被相続人の曾孫らについては再代襲相続が認められますが，兄弟姉妹の代襲相続は一代限りであり，兄弟姉妹の孫や曾孫は代襲相続人となりません。

【代襲相続がある場合の相続人】

<table>
<tr><td rowspan="4">相続人</td><td colspan="2">配　偶　者</td><td>被相続人の配偶者は常に相続人となる。</td></tr>
<tr><td rowspan="3">次の順序で配偶者と一緒に相続人になる</td><td>第1順位</td><td>子 → 孫 → 曾孫（無限に続く）</td></tr>
<tr><td>第2順位</td><td>直系尊属（父母や祖父母等）
※　父母も祖父母もいるときは，被相続人により近い世代である父母の方を優先する。
※　第1順位の人がいないときに相続人になる。</td></tr>
<tr><td>第3順位</td><td>兄弟姉妹 → 甥，姪（以後は代襲なし）
※　第1順位の人も第2順位の人もいないときに相続人になる。</td></tr>
</table>

4　養子の取扱い

参　照　民法4編3章2節

Point

■養子には，普通養子と特別養子がある

■特別養子は，養親の相続人

■普通養子は，実親と養親，両方の相続人

「養子」とは，親子関係のない者同士を法律上親子関係があるものとすることです。養子には，普通養子と特別養子とがあります。

普通養子，特別養子ともに縁組の日から，養親の嫡出子の身分を取得します。したがって，養子は，実子と同様に，養親の相続人となります。

また，普通養子では，実親との親子関係が存続したままなので，実親，養親の双方に対し相続権があります。

区　分	特別養子	普通養子
養親の制限	満25歳以上の夫婦（夫婦の一方が25歳以上である場合はもう一方が20歳以上）で共に養親	成年である者
養子の制限	原則として15歳未満	養親より年少者
縁組の手続き	家庭裁判所の審判が必要	養子が未成年でなければ当事者の届出のみ
実親の同意	実父母の同意が必要	養子が満15歳未満のときは法定代理人が承諾する
親子関係	実方との親族関係は終了	実方との親族関係は存続
戸籍の記載	養子との文言の記載なし	養子と明記
離　縁	家庭裁判所の審判が必要 養親からの請求不可	当事者の協議で可能 養子，養親の双方訴え提起可能

5　相続人の欠格事由と排除

参　照　民法891～893

Point

■欠格事由に該当する人又は被相続人に排除された人は，相続権なし

1　相続人の欠格事由

次の欠格事由に該当する人は，相続人となることができません。

相続人の欠格事由
①　故意に被相続人又は相続について先順位若しくは同順位にある者を死亡するに至らせ，又は至らせようとしたために，刑に処せられた者
②　被相続人の殺害されたことを知って，これを告発せず，又は告訴しなかった者。ただし，その者に是非の弁別がないとき，又は殺害者が自己の配偶者若しくは直系血族であったときは，この限りでない。
③　詐欺又は強迫によって，被相続人が相続に関する遺言をし，撤回し，取り消し，又は変更することを妨げた者
④　詐欺又は強迫によって，被相続人に相続に関する遺言をさせ，撤回させ，取り消させ，又は変更させた者
⑤　相続に関する被相続人の遺言書を偽造し，変造し，破棄し，又は隠匿した者

2　推定相続人の廃除

推定相続人（相続が開始した場合に相続人となるべき人）が，被相続人を虐待したとき，被相続人に重大な侮辱を加えたとき，著しい非行があったときは，被相続人は，その推定相続人の廃除を家庭裁判所に請求することができます。

被相続人が遺言で推定相続人を廃除する意思を表示したときは，遺言執行者は，その遺言が効力を生じた後，遅滞なく，その推定相続人の廃除を家庭裁判所に請求しなければなりません。

6 法定相続分

参照　民法779，900～902，990

Point

■子は1／2，親は1／3，兄弟姉妹は1／4，残りは配偶者

■嫡出子と非嫡出子（婚姻外の子）の相続分は同じ

1 法定相続分

民法は，次のように相続分を定めています。

相続人	法定相続分	
配偶者と子	配偶者 $\frac{1}{2}$	子供 $\frac{1}{2}$（配偶者がいないときは全部）
配偶者と直系尊属	配偶者 $\frac{2}{3}$	直系尊属 $\frac{1}{3}$（配偶者がいないときは全部）
配偶者と兄弟姉妹	配偶者 $\frac{3}{4}$	兄弟姉妹 $\frac{1}{4}$（配偶者がいないときは全部）

※　子，直系尊属，兄弟姉妹が複数であるときは，$\frac{1}{2}$，$\frac{1}{3}$，$\frac{1}{4}$をその複数の者で均等に分けます。

被相続人のすべての権利及び義務は，法定相続人が法定相続分によって承継します。これを前提に，遺産分割協議における法定相続人全員の合意により，各人が取得する財産を具体的に決定することになります。

法定相続分は，その割合で遺産を取得することを強制するものではありませんが，遺留分（「第1章 23 遺留分」参照）の計算をする場合の基礎となります。

2 嫡出子と非嫡出子

「非嫡出子」とは，法律上の婚姻関係にない男女の間に生まれた子です。非嫡出子は，被相続人が認知（法律上の婚姻関係によらず生まれた子を自分の子だと認める行為）をすれば相続人となります。

平成25年12月5日に民法が改正され，非嫡出子の相続分を嫡出子の相続分の2分の1と定めた部分（900条4号ただし書前半部分）が削除されました。この改正により，

平成25年９月５日以後に開始した相続については，非嫡出子の相続分は嫡出子の相続分と同等になりました。

3　全血と半血の兄弟姉妹

父母を同じくする兄弟姉妹を「全血の兄弟姉妹」といい，異母又は異父の兄弟を「半血の兄弟姉妹」といいます。兄弟姉妹が相続人となる場合，半血の兄弟姉妹の相続分は，全血の兄弟姉妹の１／２とされています。

4　指定相続分

被相続人が遺言で定めた相続分を「指定相続分」といいます。

指定相続分は，被相続人の意思を反映するものであり，法定相続分に優先します。ただし，遺留分の計算は法定相続分によります（「第１章 23 遺留分」参照）。

5　包括受遺者

包括受遺者は，「全財産の全部」「全財産の１／２」といった財産を特定しない包括遺贈を受けた人です。相続人と同一の権利義務を持つ者となります（「第１章 19 包括遺贈」参照）。

7　特別受益の持戻し

参照　民法903

Point

■特別受益があると相続分が減少する

■特別受益額は，贈与時ではなく相続時の評価

1　特別受益の持戻し

相続の開始によって相続人の共有となった遺産は，相続人間の話し合いによってどの財産をだれが取得するのか具体的に決定します。遺産分割がされるまでは，各相続人は法定相続分に応じた持分を有していることになり，法定相続分を基準とした分割を公平なものと考えるのが一般的です。

しかし，生前に特別の贈与を受けた人がいる場合には，どうでしょう。

被相続人から遺贈を受けた人，結婚や養子縁組，生計の資本のための贈与を受けた人を特別受益者といいます。扶養義務の範囲内としての学費や生活費，小遣いなどは特別受益ではありません。

特別受益者とそうでない相続人との間には不公平が生じるため，その特別受益額を考慮して相続分を修正します。これを「特別受益の持戻し」といいます。

また，遺留分についても，特別受益の持戻しを行った相続分が計算の基礎となります。

2　特別受益者の相続分

特別受益の持戻しにより，特別受益者の具体的な相続分は，次のようになります。

［相続開始時の財産の価額 ＋ 特別受益額］ × ［法定相続分］ − ［特別受益額］ ＝ ［特別受益者の具体的相続分］

《例》　被相続人の財産：１億円，ただし，子Ａに1000万円の生前贈与がある

相続人：子Ａ，子Ｂ（法定相続分は，各１／２）

① 生前贈与の持戻し：１億円＋1000万円

② 法定相続分：各5500万円

③ 持戻し後の子Ａの相続分：5500万円－1000万円＝4500万円

④ 持戻し後の子Ｂの相続分：１億円－4500万円＝5500万円

3 特別受益額

特別受益額は，相続開始の時の評価額によるものと考えられています。不動産，有価証券，美術品，骨とう品，宝石など現預金以外の財産は，贈与の時ではなく，相続開始の時の価値を評価します。遺産分割調停や審判に当たっては，当事者間の合意ができればそれにより，合意ができない場合には，鑑定をすることとなります。

現金や預金はその額面が基本になりますが，相当以前の贈与であれば，物価指数を基に現在の貨幣価値に換算する場合もあります。

4 証明が困難

特別受益には期間の制限がありません。受益者が自ら認めている場合には，上記のような持戻し計算を行うことになります。

しかし，古い記憶で他の相続人の特別受益の主張をする場合には，その事実を証明することは難しいでしょう。金銭や預貯金の動きを示す証拠あるいは不動産や品物がない限り，家庭裁判所で認められる可能性も低くなります。

証拠がなく本人が認めない特別受益の主張は，懐疑心や不公平感を煽り，相続人間の関係をこじらせ，遺産分割協議を停滞させるかもしれません。争いの種になるだけで，良い実を結ぶことは少ないと考えるべきでしょう。

5 持戻しの免除

特別受益の持戻しは，被相続人の意思表示により，免除することができます。

また，遺言にその意思表示がなくても，婚姻期間が20年以上である夫婦間において，居住用建物又はその敷地（居住用不動産）を遺贈又は贈与した場合は，持戻しの免除の意思表示があったものと推定されます。遺産分割においては，原則として，その居住用不動産の価額は，特別受益として扱わずに計算します。

8 寄　与　分

参　照　民法904の２

Point

■相続人は，寄与分が認められると相続分が増加する

1 寄　与　分

相続の開始によって相続人の共有となった遺産は，相続人間の話し合いによってどの財産をだれが取得するのか具体的に決定します。遺産分割がされるまでは，各相続人は法定相続分に応じた持分を有していることになり，法定相続分を基準とした分割を公平なものと考えるのが一般的です。しかし，相続人の中に被相続人の財産を増やすことに協力した人がいれば，その貢献に関係なく他の相続人と同じ法定相続分にすると，かえって不公平になると考えられます。

そこで，相続財産の増加に貢献した相続人の相続分をその貢献に見合う分だけ増加させるのが，「寄与分」という制度です。

2 寄与分が認められる場合

民法904条の２第１項は，「被相続人の事業に関する労務の提供又は財産上の給付，被相続人の療養看護その他の方法により被相続人の財産の維持又は増加について特別の寄与をした者」に限って寄与分を認めると規定しています。

寄与分は，特定の相続人の相続分を増加させるという制度ですから，重大な例外であり，「特別の寄与」をした事実がなければ認められません。したがって，被相続人の事業に協力していても，正当な給与を受け取っていれば，被相続人の財産の維持や増加に貢献した場合には当たりません。また，被相続人の看護や介護をしても，それによって被相続人の財産を増加させたり，減少することを防いだりした事実がなければ，寄与分は認められません。

3　寄与分がある人の相続分

寄与分が認められる場合には，相続財産の総額から寄与分相当額を控除し，その残りを法定相続分によって配分します。

寄与分がある人の具体的な相続分は，次のような計算になります。

（相続開始時の財産の価額 − 寄与分）× 法定相続分 ＋ 寄与分 ＝ 寄与分がある人の具体的相続分

4　相続人間の協議

寄与分の請求には期間の制限がありません。

原則として，相続人の協議によって決定します。しかし，寄与分を主張する人がいると他の相続人は相続分が減ることとなり，合意に達するのは難しい場合が多いでしょう。

5　調停と審判

相続人間の協議が調わないときは，家庭裁判所の調停又は審判の手続を利用することができます。

調停手続では，当事者からの事情聴取，必要に応じた資料等の提出をした上で，解決案の提示や解決のために必要な助言を受け，合意を目指した話し合いを進めることになります。話し合いがまとまらず調停が不成立になった場合には，審判手続となります。

遺産分割審判の申立ての申立人は，寄与分を主張する人であり，申立人以外の共同相続人全員が相手方になります。

9　特別寄与料

参　照　民法904の２，1050

Point

■相続人以外の特別寄与者は，相続人に特別寄与料の請求ができる

1　相続人以外の特別寄与料

従前，寄与分は相続人にのみ認められていた権利でした。たとえば長男の嫁が被相続人の介護や事業従事によって財産の増加に寄与したとしても，遺産を受け取る権利はありませんでした。

平成30年の民法改正では，このような貢献を考慮する新しい制度が創設されました。相続人以外の親族で，被相続人に対し，無償で療養看護その他の労務を提供したことにより被相続人の財産の維持又は増加について特別の寄与をした親族を「特別寄与者」といいます。親族とは，６親等内の血族，配偶者，３親等内の姻族です。

特別寄与者は，相続の開始後，相続人に対して，特別寄与者の寄与に応じた額の金銭「特別寄与料」の支払いを請求することができます。

2　特別寄与料の協議と対策

特別寄与料の支払いの請求は，相続人からすると，法定相続人でない人から遺産の分配を求められるのであり，協議に応じたくないという気持ちが働いても不思議ではありません。当事者間の協議が調わないあるいは協議をすることができない場合には，特別寄与者は，家庭裁判所に対して協議に代わる処分を請求することができます。ただし，その期限は，特別寄与者が相続の開始及び相続人を知った日から６ヶ月を経過する日，又は相続開始の日から１年を経過する日となっています。

改正があったとはいえ，特別の寄与に見合う充分な財産を確実に取得できるようになったわけではありません。法定相続人以外の人に財産を残したい場合は，遺産分割協議の対象とならない生命保険金の受取人としておくなどの対策が有用でしょう。また，生前の話し合いを踏まえて，相続人が納得できる遺言を作成することも一考です。

10 相続の承認と放棄

参照 民法896，915，919～924，938，939

Point

■限定承認又は放棄をする場合には３ヶ月以内に家庭裁判所で手続き

■単純相続をすると資産及び負債を無限に承継

相続人は，相続開始の時から，被相続人の一身に専属したもの（運転免許や国家試験に合格して得る資格など）を除き，被相続人の財産に属した一切の権利義務を承継します。

ただし，相続人には，その承継を単純承認するか，限定承認するか，相続を放棄するかを自由に選択する権利が与えられています。

1 単純承認

相続人が相続を単純承認した場合には，被相続人の権利義務を無限に承継することになります。

単純承認をする場合には，特別な手続きをとる必要はありません。熟慮期間（相続の開始があったことを知った時から３ヶ月）内に相続放棄又は限定承認をしなかった場合，または次の場合には，単純承認したものとみなされます。

みなす単純相続
①　相続人が相続財産の全部又は一部を処分したとき（一定期間の賃貸を除く）
②　限定承認又は相続の放棄をした後であっても，相続財産の全部若しくは一部を隠匿し，私的にこれを消費し，又は悪意でこれを相続財産の目録中に記載しなかったとき

単純承認すると，積極財産（現預金や土地建物等の資産，プラスの財産），消極財産（借金などの負債，マイナスの財産）の大きさにかかわらず，相続した負債を弁済しなければなりません。

2 限定承認

相続人は，相続によって得た積極財産の限度で被相続人の債務を承継する限定承認を行うことができます。すなわち，相続財産によって負債を弁済してなお余りがあれば相続するということです。

限定承認をしようとするときは，相続の開始があったことを知った時から３ヶ月以内に，家庭裁判所に申述（申述書と財産目録などの添付書類を提出）しなければなりません。

また，一部の相続人に限定承認を認めると，相続財産をめぐる法律関係が複雑になって清算が不可能となってしまうので，限定承認は，相続人全員で行わなければならないものとされています。

3　放　　棄

相続の放棄は，相続の開始があったことを知った時から３ヶ月以内に，その旨を家庭裁判所に申述（申述書と添付書類の提出）して行います。ただし，その期間は，申立てにより，延長することができます。相続開始前にはすることができません。

相続の放棄をした者は，初めから相続人でなかったものとみなされます。したがって，放棄者の代襲相続はありません。

4　相続の承認及び放棄の撤回と取消し

限定承認及び放棄は，相続の開始があったことを知った時から３ヶ月以内であっても，撤回することはできません。これらの撤回が認められると，相続が不安定になるからです。

ただし，詐欺又は強迫によって行った放棄は，取り消すことができます。たとえば，他の相続人から「被相続人には多額の借金があった」と嘘（うそ）をいわれて放棄した場合や，脅されて放棄したような場合です。

取消しの手続きは，相続放棄の手続きと同じ家庭裁判所で行います。追認できる時点（たとえば，騙されていたと気付いた時）から６ヶ月を経過した場合は，時効によって取消権が消滅します。また，放棄をしてから10年が経過した場合にも，取消権は消滅します。

なお，相続の放棄は，申述書を提出してから受理する審判まで，多少の日数を要します。家庭裁判所に相続放棄の申述を行っていたとしても，まだ申述が受理されていない場合は，相続放棄の申述そのものを取り下げることが可能です。

11 借金がある場合の相続放棄

参照　民法915，938，939

Point

■第３順位の兄弟姉妹まで放棄の手続き

■放棄の期限は，原則として３ヶ月以内

1 放棄した人

被相続人に積極財産（現預金や土地建物等の資産，プラスの財産）を超える借金があることが明らかである場合，相続人である配偶者や子は，相続放棄の手続きを行って，借金の負担を避けることになるでしょう。

家庭裁判所に相続放棄の申述を行い，これを受理する審判を得ることによって，配偶者や子は，被相続人の借金を弁済する義務がなくなるのです。

相続を放棄した場合には，被相続人の財産を受け取ることはできませんが，被相続人の死亡を原因とする保険金は，被相続人から承継する財産ではないので，受け取ることができます（「第４章 5 相続放棄と生命保険金」参照）。

2 他の親族

相続を放棄した人は，民法上，初めから相続人でなかったことになります。したがって，被相続人の子が全員放棄した場合には，第１順位の人がいない相続となり，第２順位の親（親がいなければ祖父母）が相続人となり，親や祖父母がいない場合には第３順位である被相続人の兄弟姉妹に相続権が生じ，借金も承継することになります。さらに兄弟姉妹が先に亡くなっている場合は，その兄弟姉妹の子（被相続人の甥又は姪）がこれを代襲相続することになります。

「親戚の叔父さんが亡くなって，叔父さんには子供がいるのに，こちらに借金が回って来た」などという事態が起こる可能性があるのです。

3　相続放棄は第3順位まで

したがって，被相続人に借金があり，相続放棄をする場合には，第３順位の兄弟姉妹まで，放棄の手続きをしておかなければなりません。

放棄には代襲相続がないので，被相続人の兄弟姉妹が放棄すれば，その兄弟姉妹の子は放棄する必要はありません。

4　子が放棄したことを知らなかった場合

兄弟姉妹が亡くなり，その子が放棄したことを知らず，金融機関から督促状が届いた場合にはどうすればいいのでしょうか。

被相続人に子があれば，兄弟姉妹は相続人ではありませんが，子の全員が相続放棄をしたことによって，第３順位である兄弟姉妹が相続人になってしまうケースです。

相続放棄は，自己のために相続の開始があったことを知った日から３ヶ月以内に行う必要がありますが，この場合の「自己のために相続の開始があったことを知った日」は，金融機関から督促状を受け取った日と考えられます。そうすると，その日から３ヶ月以内に家庭裁判所に申述の手続きを行い，受理の審判を得ることによって，放棄することができるということになります。

債務者に「相続放棄する」旨の内容証明を送っても意味はありません。家庭裁判所での手続きが必要です。

12 遺産の分割

参照　民法５，826，898，906～909

Point

■相続人全員が参加して遺産分割協議を行う

■法定相続分どおりに行う必要はない

1 遺産分割とは

被相続人が遺言を残さずに死亡した場合，相続の開始によって，被相続人の遺産は相続人全員の共有状態となります。共有状態となった遺産を各相続人で具体的に分ける手続きを遺産分割といいます。

遺産は法定相続分どおりに分ける必要はなく，相続人及び包括受遺者の合意により，自由に分割することができます。

2 遺産分割の基準

遺産分割は，相続人全員の合意により，自由に行うことができます。

民法は，遺産に属する物又は権利の種類及び性質，各相続人の年齢，職業，心身の状態及び生活の状況その他一切の事情を考慮して行うものとしています。

3 遺産分割の当事者

遺産分割は，相続人全員で行う必要があります。一部の相続人を除外して遺産分割協議を行った場合や，遺産分割協議書に相続人でない人の氏名が記載されているなど，遺産分割協議に第三者が加わっていた場合には無効となります。

ただし，相続開始後に認知された人がいる場合に，その認知の前に行った遺産分割協議は有効です。金銭の授受などで調整することが可能とされています。

4 分割の方法

分割の方法は，次の３つです。

①　現物分割　…　遺産を現物のまま分割する方法
②　換価分割　…　遺産を売却して売却金を分配する方法
③　代償分割　…　共同相続人の１人又は数人が遺産の現物を取得し，他の相続人に対して債務を負担する（代償金を支払う）方法

5　利益相反

遺産分割協議に未成年者の相続人は参加できません。遺産分割は法律行為であり，未成年者は法律行為ができないからです。

一般的に未成年者に代わって法律行為を行うのは親権者です。しかし，相続人が配偶者と未成年の子である場合に，配偶者が子の代理人となって遺産分割協議を行うと，利益相反行為（一方の利益になると同時に，他方への不利益になる行為）となるので，配偶者は子の代理人にはなれません。

利益相反が生じる場合は，作成した「遺産分割協議書の案」を添付して，家庭裁判所に特別代理人（たとえば，子の祖父母など，遺産分割で利益を受けない成人）の選任申立てを行います。これが正式に受理されれば，遺産分割協議は成立します。

6　遺産分割の遡及効

遺産分割は，相続開始の時に遡ってその効力を生じ，各相続人が分割によって取得した財産は，相続開始時に被相続人から直接単独で取得したことになります。これを「遺産分割の遡及効」といいます。

ただし，相続開始から遺産分割の完了までは時間を要することも多く，一部の相続人が自己の持分を第三者に譲渡するといったことも考えられます。そこで，遺産分割の前に相続人から権利を譲り受けた第三者を保護するため，遺産分割の遡及効によっても第三者の権利を害することはできないものとされています。

なお，第三者において遺産分割の遡及効の制限を主張するためには，譲り受けた相続財産（又はその持分）について，登記等の対抗要件を備える必要があります。

13 遺　　言

参　照　民法886，944，952，960，961，964，967，976～979，985，994，995，1006，1022

Point

■遺言は法律に定める方式によらなければならない

■遺留分を侵害する遺言は争いの原因になることも

1 遺言自由の原則

遺言は，相手方のない一方的かつ単独の意思表示です。人は，遺言により，生前だけでなく，その死後にも自己の財産を自由に処分できることになります。

ただし，遺留分を侵害した遺贈は，遺留分権利者から侵害額請求（遺留分が侵害された範囲内で財産を請求する手続き）があれば，それに制限されます。

それぞれの相続人の遺留分を考慮せず，極端な遺贈をしてしまうと，遺留分侵害額請求による争いを招く可能性があります。

2 遺言能力

15歳に達した人は遺言をすることができます。15歳未満の人や意思能力のない人がした遺言は無効です。遺言が成立した後に，認知症等により遺言者が遺言をする能力を失っても，遺言は有効です。

3 受遺者

受遺者（遺言により遺贈を受ける者）は被相続人の相続開始時に生存している者でなければなりません。胎児は，既に生まれたものとみなされ，受遺能力があります。

4 遺言の効力

遺言は，その人の死亡によって法律効果が発生します。

遺言者の真意を確実に実現させるため，法に定める方式によることを必要とする要式行為とされており，方式を守っていない遺言は無効です。「生前，言っていた。」という証言や，録音テープやビデオには，遺言としての法律上の効力はありません。

通常は，普通方式遺言を行います。特別方式遺言は，普通方式遺言が不可能な場合の遺言です。

普通方式遺言	特別方式遺言	
	危急時遺言	隔絶地遺言
自筆証書遺言 公正証書遺言 秘密証書遺言	死亡危急者遺言 難船遭難者遺言	伝染病隔離者遺言 在船者遺言

5　遺言の訂正，撤回

家族関係や財産の内容の変動，心境の変化といった諸事情により，遺言の訂正又は撤回をしたいと思うようになることもあります。遺言は，理由を問わず，いつでも，何度でも，自由に，訂正又は撤回することができます。ただし，訂正や撤回も，その遺言の方式に従って，適式になされなければなりません。

6　予備的遺言

相続人や受遺者が遺言者よりも先に死亡した場合には，その死亡した人に関する部分は失効します。代襲はありません。

たとえば，財産を妻に相続させる遺言をしたいが，妻が先に死亡してしまうのではないかといった心配があるときは，「妻が遺言者の死亡以前に死亡したときは，その財産は○○に相続させる」といった「予備的遺言」を行うことも一つの方法でしょう。

7　遺贈履行の義務

遺贈を履行する義務は，原則として相続人及び相続人と同一の権利義務を有する包括受遺者が負います。相続人がいない場合には遺言執行者が，相続人も遺言執行者もいない場合には，相続財産管理人が遺贈を履行する義務を負います。

※　「遺言執行者」とは，遺言の内容の実現のために必要な事務を行う権限を有する者です。遺言者は，遺言で，遺言執行者を指定し，又はその指定を第三者に委託することができます。遺言執行者が遺言で指定されていない場合や辞任や解任した場合には，家庭裁判所に申し立てることにより選任することができます。

※　「相続財産管理人」とは，相続人の存否が明らかでない場合や，相続人全員が相続を放棄した場合に，家庭裁判所の選任を受けて相続財産の清算を行う者です。弁護士が就任するのが一般的です。

14 自筆証書遺言

参照 民法968，1004，法務局における遺言書の保管等に関する法律

Point

- ■自筆で作成，ただし別添の財産目録はワープロソフト等で作成OK
- ■記載内容の不備による無効や発見者による破棄等のリスクがある
- ■令和2年7月から保管制度が開始

1 自筆作成

自筆証書遺言とは，遺言者本人が自筆し，署名捺印して作成する遺言書です。

財産の内容を示す財産目録等を添付する場合には，その目録については，自筆でなくてもよく，たとえばパソコンのワープロソフト等での作成が認められます※。

しかし，それ以外の部分は，すべて遺言者自身が自筆で書かなければなりません。一部でも他人が代筆したりワープロソフト等で作成したりした部分があると無効になります。

また，日付や氏名などの記載すべき事項が一つでも欠けていると，遺言書そのものが無効となります。

※　自筆証書遺言は，全文について遺言者が自筆する必要がありましたが，平成31年1月13日以後は，別紙添付する財産目録をワープロソフト等で作成することができるように改正されました。また，通帳のコピーで預金を特定させることもできます。その頁ごとに署名し，本文に押印されている印と同じ印で押印しなければなりません。

2 内容の変更

訂正や変更は，遺言者が，その場所と変更等をした旨を付記してこれに署名し，かつ，その変更の場所に押印しなければ，その効力が生じません。

このような厳格な要件が定められているのは，遺言者の最終意思を尊重し，遺言書の偽造を防止するためです。

3 検　　認

自筆証書遺言を保管している人又は発見した人は，相続の開始を知った後，遅滞なくこれを家庭裁判所に提出して，その遺言書を検認するための手続きを行わなければなりません。

4 自筆証書遺言の保管制度

自筆証書遺言は，いつでも作成することができ，秘密を保つことができます。

しかし，遺言者の手元で保管されるケースが多いため，相続開始後に発見されない恐れがあります。また，不利益な内容が書いてある人に発見されると，破棄や改ざんが行われる危険もあります。そうではなくても，「検認」が必要であり，相続発生後の手続きが煩雑で時間がかかります。

これらのデメリットを解消する目的で，法務局で自筆証書遺言を保管する「自筆証書遺言の保管制度」が創設されました。保管制度を利用すれば，紛失や破棄といったリスクがなくなり，検認の手続きが不要となります。

法務局は，提出した時点でその自筆証書遺言が法律上の要件を満たしているかどうかを確認し，原本を保管します。

また，その内容を画像データにして保存するため，相続開始後，相続人は全国の法務局で，遺言書の有無や内容を確認することができます。

「自筆証書遺言の保管制度」は，令和２年７月10日からスタートしています。

15 公正証書遺言

参照　民法969，969の２，公証人法４，公証人手数料令９，19，別表

Point

■公正証書遺言は，公証人が作成

■被相続人が考える財産の処分方法を的確に示し，改ざんや紛失のおそれがない

1 公証人が作成

公正証書遺言は，証人２人が立ち会った上で，遺言内容を公証人に口述し，公証人が証書を作成する方式の遺言です。したがって，方式の不備で遺言が無効になる心配はありません。

自筆証書遺言は，病気等のため自書が困難である場合には作成することができませんが，公正証書遺言は，公証人が作成し，遺言者の署名を代書することもできます。遺言者が高齢や病気等のため公証役場に出向くことが困難な場合には，公証人が，遺言者の自宅又は病院等へ出張してくれます。

公証人は，裁判官，検察官等の法律実務に携わってきた法律の専門家で，正確な法律知識と豊富な経験を有しています。複雑な内容であっても，公証人に相談して整理することができるでしょう。

公正証書遺言を作成する流れは，以下のとおりです。

(1)　遺言の原案を検討・作成

(2)　公証役場に連絡して事前打ち合わせ

(3)　必要書類等の収集

(4)　公証役場にて遺言書作成

2 証　　人

公正証書遺言をするためには，遺言者の真意を確保するため，証人２人の立会いが義務付けられています。

未成年者，推定相続人や受遺者等の利害関係者は，証人になれません。

適当な証人が見つからない場合は，公証役場で紹介してもらうことができます。

3　秘密の保持

公証人には法律上の守秘義務が課せられています。

また，証人は，遺言者の依頼によりその場に立ち会うので，遺言者が作成の事実や遺言内容を他に漏らさないように表明したときはもちろん，たとえ明らかな表明はなくても，遺言の趣旨に照らし，民法上の秘密保持義務を負うことになります。

公正証書遺言の原本は公証役場に保管され，遺言者の死亡まで他人の目に触れることはありません。

4　遺言の保管と調査

公正証書遺言は，公証役場に保管されるので，遺言書が破棄されたり，隠匿や改ざんをされたりする心配がありません。震災等により滅失しても復元できるようにする原本の二重保存システムも構築されています。

平成元年以後に作成された公正証書遺言は，日本公証人連合会において，公正証書遺言を作成した公証役場名，公証人名，遺言者名，作成年月日等をコンピューターで管理しており，その存在を調査することができます。

ただし，秘密保持のため，遺言者の死亡後に，相続人等の利害関係人のみが公証役場の公証人を通じて照会を依頼することができることになっています。遺言者が死亡したという事実の記載と遺言者との関係を証明する戸籍謄本，自身の身分を証明するもの（マイナンバーカード，運転免許証等顔写真入りの公的機関の発行したもの）を公証役場に持参して，調査を依頼します。

5　費　　用

公証人が証書を作成するといっても，まずは遺言者による原案が必要です。司法書士に相談すると，公正証書遺言の案を作成してもらうことができます。その報酬は司法書士によって異なりますが，数万円程度に設定しているのが一般的です。弁護士や行政書士も，この業務を行っています。

公証人に支払う公正証書遺言の作成費用は，公証人手数料令において，次のように法定されています。

遺言の目的たる財産の価額に対応する手数料

目的財産の価額	手数料の額
100万円まで	5,000円
200万円まで	7,000円
500万円まで	11,000円
1000万円まで	17,000円
3000万円まで	23,000円
5000万円まで	29,000円
1億円まで	43,000円
1億円を超え3億円まで	43,000円 ＋5000万円毎に13,000円を加算
3億円を超え10億円まで	95,000円 ＋5000万円毎に11,000円を加算
10億円を超える部分	249,000円 ＋5000万円毎に8,000円を加算

6　具体的な手数料の計算

各相続人，各受遺者ごとに，相続させ又は遺贈する財産の価額について，それぞれの手数料を算定し，その合計額に遺言加算をした金額がその証書の手数料の額となります。

例えば，総額1億円の財産を妻1人に相続させる場合の手数料は，上記表から43,000円，これに，遺言加算として11,000円（1通の遺言公正証書における合計額が1億円までの場合）が加算され，54,000円となります。

妻に6000万円，長男に4000万円の財産を相続させる場合には，妻の手数料は43,000円，長男の手数料は29,000円，遺言加算11,000円，合計83,000円が証書の手数料の額となります。

遺言者が病気等で公証役場に出向くことができない場合には，公証人が出張して遺言公正証書を作成しますが，この場合の手数料は，遺言加算を除いた手数料額の1.5倍が基本手数料となり，これに，遺言加算手数料を加えます。この他に，旅費（実費），日当（1日2万円，4時間まで1万円）が必要になります。

16 秘密証書遺言

参照　民法970～972，1004

Point

■秘密証書遺言は，存在のみ証明してもらい，内容は秘密にできる

■偽造のおそれはないが，滅失・法律的な不備のおそれがある

1 秘密証書遺言

秘密証書遺言は，遺言者が，遺言の内容を記載した書面（自筆証書遺言と異なり，ワープロソフト等での作成，第三者の筆記が可能）に署名押印をした上で封筒に入れ，遺言書に押印した印章と同じ印章で封印した上，公証人及び証人２人の前にその封書を提出し，自己の遺言書である旨及びその筆者の氏名及び住所を申述し，公証人が，その封紙上に日付及び遺言者の申述を記載した後，遺言者及び証人２人と共にその封紙に署名押印することにより作成されるものです。

秘密遺言は，ワープロソフト等で作成することができ，遺言の内容を誰にも明らかにせず秘密にすることができます。

ただし，公証人が，その遺言書の内容を確認することができないので，遺言書の内容に法律的な不備があったり，紛争の種になったり，無効となってしまったりする危険がないとはいえません。

2 検　　認

自筆証書遺言と同様に，秘密証書遺言を発見した人又は保管している人は，相続の開始を知った後，遅滞なく，これを家庭裁判所に提出して，その遺言書を検認するための手続きを行わなければなりません。

17 「相続させる」遺言の効力

参照 民法899の２，1014

Point

■「相続させる」遺言と「遺贈する」遺言は，法的性質が違う

1 「相続させる」遺言と「遺贈する」遺言

遺言に記す文言として，「相続させる」と書くのか，「遺贈する」と書くのか。

相続によって財産を取得するのは相続人だけであり，相続人に財産を移転させることを「相続させる」といいます。相続人以外の者に対して「相続させる」と書くことはできません。

他方，遺贈は譲る相手（受遺者）に制限がありませんから，相続人に対してもそれ以外の者に対しても，「遺贈する」と書くことができます。

どちらも遺言者が死亡した場合に特定の者が財産を取得することになるという意味においては同じですが，法的性質は異なります。どちらの文言を使うか，検討する必要があります。

※ 配偶者居住権（「第１章 26 配偶者居住権」参照）を与える遺言については「相続させる」遺言は適さないものと考えられています。

2 第三者への対抗

従前，判例は，「相続させる」旨の遺言による権利の承継は，登記なくして第三者に対抗することができるものとしていました。

たとえば，遺産に不動産と借金があるケースで，被相続人が不動産を子Ａに「遺贈する」遺言を残している場合には，債権者は，先に登記することによって，子Ａに優先して，その不動産を取得することができます。

被相続人が「相続させる」遺言を残していた場合は，債権者が不動産の登記等を先に行ったとしても，遺言の内容が優先となります。子Ａが法定相続分までしか債務を引き受けなかった場合でも，遺言のとおり，子Ａがその不動産を取得することになり

ます。

しかし，これでは遺言の内容を知り得ない債権者等の利益を害することになり，また，登記制度や強制執行制度の信頼を害するおそれがあります。

そこで，平成30年の民法改正により，「相続させる」遺言についても，法定相続分を超える部分については，登記等の対抗要件を具備しなければ，債務者（第三）に対抗することができないこととされました。

3　登記の手続き

土地や建物を「遺贈する」遺言である場合は，遺贈を受ける者は他の法定相続人全員と共同で所有権移転の登記申請をしなければなりません。このため，法定相続人全員の印鑑証明書等が必要となり，相続争いが起きた場合は，他の相続人から協力が得られず登記手続きができないおそれがあります※。

※　遺言執行者がある場合は，遺言執行者と遺贈を受ける者が共同で登記申請することができます。他の相続人の協力は必要ありません。

しかし，「相続させる」遺言である場合は，その相続人が単独で所有権移転の登記申請をすることができます。

4　一部の放棄はできない

複数の財産を「遺贈する」と書いた場合，受遺者は，受け取る財産を選択して一部の財産の遺贈を放棄することができます。

しかし，「相続させる」と書いた場合は，その相続人の意思表示によって一部の放棄をすることはできません。相続人全員で遺言に従わないことを合意するか，あるいは相続放棄をするかのどちらかです。相続放棄をすると，すべての財産について相続する権利がなくなってしまいます。

5　借地権，借家権

遺産が借地権や借家権である場合，「遺贈する」遺言では賃貸人の承諾が必要となります。他方，「相続させる」遺言の場合は賃貸人の承諾は不要です。

18 遺贈と死因贈与

参　照　民法554，886，891，964，965，986，990，1022

Point

■死因贈与は遺贈と同じ取扱い

1 遺　　贈

「遺贈」とは，遺言によって，受遺者に対し無償で自らの財産を与えることです。

相手方のない単独行為ですから，遺言が効力を生ずれば，受遺者の承諾の有無にかかわらず，財産処分としての効力が生じます。

ただし，受遺者は，遺贈を放棄することもできます。

2 死因贈与

贈与者の死亡によって効力を生ずる贈与を「死因贈与」といいます。死因贈与は，死後の財産処分であり，贈与者の死亡を効力発生要件とする点で遺贈と共通し，その性質に反しない限り，遺贈に関する民法の規定を準用するものとされています。

死因贈与は，諾成，片務，無償，不要式の贈与契約です。単独行為である遺言は民法で定める方式に従わなければ無効となりますが，死因贈与は不要式の契約なので，口約束であったとしても成立します。しかし，無用なトラブルを避けるため，契約の意思を明確にする書類を作成しておくべきでしょう。

3 死因贈与の撤回

贈与は，書面によらない場合には，履行前であれば，いつでも自由に撤回することができます。ただし，死因贈与は，遺贈に関する規定を準用することとされ，書面による死因贈与契約をした場合であっても，原則として自由に撤回することができるものとされています。

なお，負担付死因贈与契約については，撤回が認められない場合もあります。

19 包括遺贈

参照　民法915，944，964，986，988，990，995

Point

■包括受遺者は相続人と同じ

■包括遺贈の放棄は法的手続が必要

1 包括遺贈

遺産の全部又は一定割合による部分を与える遺贈を「包括遺贈」といいます。

たとえば，次のような遺言は，包括遺贈となります。

- 相続分の指定を内容とする遺言
- 遺産中の積極財産を処分して債務を清算し，残余財産を相続人等に一定の割合で分配するように指示した遺言

2 包括受遺者

包括受遺者は相続人と同一の権利義務を有し，遺産分割にも参加することになります。ただし，代襲相続に準ずる取扱いはありません。

包括受遺者が，遺贈の放棄又は承認をせずに死亡したときは，その相続人は自己の相続権の範囲内で遺贈の承認又は放棄をすることができます。ただし，受遺者が死亡した場合の予備的遺言があるときは，それに従うこととなります。

3 包括遺贈の放棄

包括受遺者は，借金などの消極財産についても，遺贈の割合に従って引き受けることになります。

ただし包括遺贈は，放棄することができます。包括遺贈の放棄は，相続の放棄と同様に，遺贈があったことを知った日から３ヶ月以内に家庭裁判所に申述して行います。包括遺贈が放棄により効力を失った場合には，受遺者が受けるべきであったものは相続人に帰属することになります。

20 特定遺贈

参照　民法964，986

Point

■特定遺贈は，財産を特定して行う遺贈

■特定遺贈の放棄は，相続人に対する意思表示

1 特定遺贈

包括遺贈以外の遺贈を「特定遺贈」といいます。

たとえば，次のような遺言は，特定遺贈となります。

- 特定の財産を示して与える遺言
- 不動産の全部や有価証券の半分というような指定をする遺言
- 受遺者のための新たな債権を創設する遺言
- 受遺者の債務を免除する遺言

2 特定遺贈の放棄

特定受遺者は，遺言者の死亡後，いつでも遺贈を放棄することができます。期間の制限はありません。

遺贈の放棄は，遺贈義務者（相続人又は包括受遺者）を相手として意思表示すれば足ります。

遺贈の放棄の効力は，遺言者の死亡の時に遡って生じます。

放棄した遺贈の目的財産は，相続人に帰属することになり，遺産分割の対象となります。

21 条件付きの遺贈

参　照　民法127，985，1002，1027

Point

■遺贈には条件を付すことができる

■負担付遺贈は，負担の内容を明確にし，その負担を遺贈の目的の価額の範囲内に

1 停止条件付遺贈

遺言には，「結婚したら」「大学を卒業したら」というような条件を付けることができます。このような遺言を「停止条件付遺贈」といいます。停止条件付遺贈は，その条件が遺言者の死亡後に成就した時から効力を生じます。

2 解除条件付遺贈

「事業を廃業する場合には遺贈はなかったことにする」といった遺贈の効力が消滅する条件を付けた遺言を「解除条件付遺贈」といいます。

3 負担付遺贈

「負担付遺贈」とは，一定の負担を負うことを条件に財産を遺贈するものです。

たとえば，被相続人の配偶者の借入金を弁済することを条件に，子に有価証券を与えるといった遺言がこれに当たります。

遺言の効力が生じた後に，受遺者が負担した義務を履行しない場合には，相続人は，相当の期間を定めてその履行を催告し，その期間内に履行がないときは，遺言の取消しを家庭裁判所に請求することができるものとされています。

負担付遺贈をする場合に留意すべき点は下記のとおりです。

①　負担の内容を明確にすること

②　その負担が，遺贈の目的の価額の範囲内にあるようにすること

③　受遺者となるべき人と事前に十分話し合っておくこと

22 後継ぎ遺贈

参照　民法1028，信託法3，88，89，91

Point

■遺言で後継ぎ遺贈を行うのは難しい

1 後継ぎ遺贈

たとえば，「全財産を長男に遺贈する。長男が死亡した場合は，その長男がその財産を受け継ぐこととする。」というように，財産を受け継ぐ者を指定する遺贈を「後継ぎ遺贈」といいます。先祖伝来の土地を直系で受け継いで守るために財産を相続する人を順次に定めたい，将来にわたって親族間の紛争を回避したい，といった場合にこのような遺言を考えたくなります。しかし，民法に後継ぎ遺贈の定めはありません。後継ぎ遺贈の法的効力については見解の分かれるところです。

したがって，後継ぎ遺贈を記した遺言を残すと，相続開始後の法的状態を不安定にし，かえって親族間での争いを招く結果となることもあります。

2 配偶者居住権

居住用不動産については，配偶者居住権の設定による後継ぎ遺贈の効果を期待することができます（「第1章 26 配偶者居住権」参照）。

3 後継ぎ遺贈型受益者連続信託

受益者の死亡により，順次他の者が受益権を取得する旨の定めのある信託を「後継ぎ遺贈型受益者連続信託」といいます。受益権の承継者の指定には，財産の承継者を指定するのと同じ効果があります。

受益権の承継の回数に制限はなく，信託設定時において受益者が現存している必要もないので，まだ産まれていない孫や姪甥を受益者として定めておくことも可能です。

ただし，信託設定の時から30年を経過した後は，受益権の新たな承継は一度しか認められません。なお，この方法であっても，遺留分侵害額請求の対象となります。

23 遺　留　分

参　照　民法902，1042～1044

Point

■相続人の相続期待利益を保護する遺留分

■兄弟姉妹に遺留分はない

1 遺言自由と遺留分

民法には，被相続人は自己の財産を遺言によって自由に処分できるものとする遺言自由の原則がありますが，他方，遺族の生活の保障，相続人間の最低限の公平の確保，相続人の相続期待利益の保護等を行うため，被相続人の財産のうち一定割合をそれぞれの相続人に留保する遺留分の定めが置かれています。

「遺留分」とは，遺言によっても侵害できない遺産に対して相続人に保障された最低限度の権利をいいます。

2 遺留分権利者と割合

遺留分は，兄弟姉妹以外の相続人（配偶者，子，直系尊属）に認められています。被相続人の財産に対する遺留分の割合は $\frac{1}{2}$（存在する相続人が直系尊属のみである場合には $\frac{1}{3}$）です。

たとえば，配偶者Ａ，子Ｂ，子Ｃが相続人である場合において，そのうち１人に財産１億円のすべてを遺贈する遺言があるときの遺留分は次のようになります。

配偶者Ａ	$\overset{\text{遺留分割合}}{\frac{1}{2}} \times \overset{\text{法定相続分}}{\frac{1}{2}} = \frac{1}{4}$	遺留分：１億円 $\times \frac{1}{4}$ ＝2500万円
子Ｂ，子Ｃ	$\overset{\text{遺留分割合}}{\frac{1}{2}} \times \overset{\text{法定相続分}}{\left(\frac{1}{2} \times \frac{1}{2}\right)} = \frac{1}{8}$	遺留分：１億円 $\times \frac{1}{8}$ ＝1250万円

❸ 遺留分の計算の基礎となる財産の額

遺留分の計算の基礎となる財産の額は，次の算式によって計算します。

相続開始時の積極財産の額	＋	贈与した財産の額	−	債務の額	＝	遺留分の基礎となる財産の額

相続開始時の積極財産の額には，遺贈や死因贈与によって処分された財産が含まれます。

また，贈与した財産とは，次の財産です。

① 相続人に対する相続開始前10年間にした贈与
② 相続人以外の者に対する相続開始前１年間にした贈与
③ 当事者双方が遺留分権利者に損害を加えることを知ってした贈与（年数制限なし）

①②の贈与には，期間制限が設けられていますが，一人の相続人に全財産を贈与したような場合には，③に該当することとなり，10年が経過した後においても，免れることはできません。

①②の相続人に対する贈与の期間制限は，平成30年の民法改正により設けられました。その理由は，古い贈与の存在を知る者と知らない者との公平を図るためと説明されています。

しかし，特別受益の持戻しにおいては，期間の制限なく遡及することとのバランスが取れていない，という指摘もあります。

24 遺留分侵害額請求

参　照　民法902，1042，1046～1048，経営承継円滑化法３～11，所基通33－１の６

Point

■遺留分侵害額請求は，相手方に直接請求 → 調停 → 訴訟

1 遺留分減殺請求から遺留分侵害額請求権への変更

兄弟姉妹以外の法定相続人には，被相続人の意思によっても奪うことができない相続分（遺留分）が認められています。

遺留分権利者が，遺留分を侵害している他の相続人や受遺者に対して遺留分相当額の金銭の支払いを求める権利を，「遺留分侵害額請求権」といいます。

改正前の遺留分制度は，遺留分権利者がその減殺請求をすれば，遺贈された財産に遺留分割合に応じた権利が生じることとされ，たとえば，他に遺贈された不動産に対して遺留分減殺請求を行う相続人は，その不動産について，受遺者の了解なく一方的に「遺留分登記」を行うことができました。

しかし，平成30年度の民法改正によって，遺留分減殺請求権は遺留分侵害額請求権に変更され，遺贈された現物に対する権利ではなく，遺留分相当の金銭を請求する権利となりました。

2 裁判外での請求

遺留分侵害額請求は，裁判手続によらず，相手方に直接請求することができます。

この場合は，相手方に遺留分侵害額請求書を送る（内容証明郵便がよい）ことになりますが，話し合いができれば，請求書を送る必要もありません。

話し合いで合意ができたならば，合意書又は遺産分割協議書を作成し，支払の約束について書面にしておくことが重要です。

3 裁判手続による請求

遺留分侵害額請求の裁判には，調停と訴訟とがあります。

遺留分に関する事件は，調停前置主義がとられ，訴訟を提起する前にまず調停を行わなければなりません。調停は，家庭裁判所が行います。調停で合意できない場合には，訴訟を提起することになります。

訴訟は，一般の民事訴訟となり，地方裁判所（請求金額が140万円以下の場合は簡易裁判所）に訴えを提起することになります。

4 遺留分侵害額請求権の消滅

遺留分侵害額請求権は，遺留分権利者が，相続の開始及び減殺すべき贈与又は遺贈があったことを知った時から１年間行使しないときは，時効によって消滅します。

相続開始の時から10年を経過した場合も消滅します。これは，消滅時効ではなく除斥期間であると解され，中断はなく，相続開始から10年が経過することによって請求ができなくなります。

5 支払の猶予

遺留分権利者から金銭請求を受けた受遺者又は受贈者が，金銭を直ちには準備できない場合には，受遺者等は，裁判所に対し，その支払につき一定期間の猶予を求めることができます。

6 現物資産を引き渡した場合

民法の改正により，遺留分については金銭の支払が原則となったため，金銭以外の資産を引き渡した場合には代物弁済に該当することとなります。その引き渡した資産が遺産であるかどうかにかかわらず，譲渡所得の課税対象となります。

含み益のある資産を引き渡して遺留分の支払に代える場合には，税負担について注意する必要があります。

7 株式に関する遺留分の特例

被相続人である会社の経営者が１人の後継者に自社株式を集中して承継させようとしても，他の相続人から遺留分侵害額請求をされると，自社株式が分散してしまい，事業承継がスムーズに行えないといった事態が想定されます。

民法上，遺留分は，被相続人の生前に放棄することができるものとされているので，放棄により相続紛争や自社株式の分散を防止することも考えられます。ただし，遺留分を放棄するには，各相続人が自分で家庭裁判所に申立てをして許可を受けなければならず負担が大きいこと，また，家庭裁判所による許可・不許可の判断が統一的に行われない可能性があることなどから，実際は自社株式の分散防止対策としては利用しにくくなっています。

そこで，このような問題に対処し，遺留分の制度の限界を補うため，平成20年5月に成立した経営承継円滑化法（中小企業における経営の承継の円滑化に関する法律）により，遺留分に関する民法の特例が設けられています。

この特例によれば，一定の要件を満たす後継者が，遺留分権利者全員との合意及び所要の手続き（経済産業大臣の確認，家庭裁判所の許可）を経ることで，生前贈与された自社株式を遺留分算定基礎財産から除外することができます。

また，生前贈与された自社株式を遺留分算定基礎財産に算入する際の評価額を予め固定することもできます。

25 配偶者短期居住権

参照　民法1037～1041

Point

■配偶者は，相続開始前に住んでいた自宅に，少なくとも6ヶ月間は，無償で住み続けることができる

1 配偶者短期居住権の創設

従前，相続が開始した場合には使用貸借の合意を推定するという判例があり，少なくとも遺産分割が終わるまでは，遺された配偶者は自宅に居住することができるものと考えられていました。

平成30年の民法改正により，その権利についての明文がおかれ，令和2年4月1日以後に開始した相続について，配偶者短期居住権が保障されることになりました。

配偶者短期居住権は，相続開始時に被相続人の持ち家に無償で住んでいた配偶者が，一定期間，その家を無償で使用することができる権利です。

2 配偶者短期居住権の発生

配偶者短期居住権は，遺言や遺産分割といった手続きは必要ありません。相続開始の時に発生します。

配偶者には，建物の使用について善良な管理者の注意義務が求められます。

3 配偶者短期居住権の期間

配偶者短期居住権の期間は，その建物が遺産分割の対象となるかどうかで異なります。

① 遺産分割の対象となる場合は，相続開始から6ヶ月又は遺産分割によりその建物を取得する人が決定した日のどちらか遅い方です。

② 遺産分割の対象とならない場合（遺言で建物の取得者が指定された場合など）は，その取得者が配偶者短期居住権の消滅の申入れをした日から6ヶ月後です。

ただし，期限前でも次の事由があった場合は，権利が消滅します。

- 配偶者が死亡した場合
- 配偶者が，居住以外の用途に使用したり，善良な管理者の注意義務に違反したりした場合に，建物の取得者が権利の消滅の意思表示をした場合
- 配偶者が配偶者居住権（次頁参照）を取得した場合

4　配偶者短期居住権は売却できない

配偶者短期居住権は，相続が開始した時に自宅に住んでいた配偶者にだけ認められる権利であり，売却することはできません。

5　配偶者短期居住権は登記できない

配偶者短期居住権は，登記することはできません。したがって，登記簿を閲覧しても配偶者短期居住権の存在を知ることができないため，第三者に対抗することができません。その建物の所有権を取得した善意の第三者から立ち退きを求められた場合は，従わなければならない可能性が高いと考えられます。

6　配偶者短期居住権の評価

配偶者短期居住権の評価は，ゼロです。

配偶者短期居住権の取得について相続税が課税されることはありません。

7　配偶者短期居住権と配偶者居住権の違い

配偶者短期居住権と配偶者居住権の違いは，次のとおりです。

配偶者短期居住権	配偶者居住権
相続開始時に自然発生 登記できない 権利は居住部分のみ 権利の存続は原則として６ヶ月間 評価額はゼロ 贈与又は売却することができない	遺言や遺産分割により発生 登記する 権利は建物全体に及ぶ 権利の存続は終身又は定めた期間 評価額は通常ゼロにならない 期間満了前に消滅させると，実質的に建物の所有者に対する贈与又は売却となる

26 配偶者居住権

参照　民法1028～1036

Point

■配偶者居住権は，被相続人の死亡後も配偶者が自宅に住み続ける権利

■その利用には慎重な検討が必要

1　配偶者居住権の創設

夫が亡くなった場合，妻は住み慣れた自宅に住み続け，老後の生活資金も確保したいところです。しかし，そこには，他の相続人との協議が整わず，希望が叶えられないのではないかという不安があり，現実に，裁判で争われる例もあります。

このような問題に対処するため，「配偶者居住権」が創設されました。

配偶者居住権は，「配偶者が相続開始時に居住していた被相続人所有の建物を対象として，終身又は一定期間，配偶者に建物の使用を認めることを内容とする法定の権利」です。被相続人の遺言又は相続人間の協議によりに決定し，権利の登記を行えば，配偶者居住権が確定します。

配偶者には，建物の使用について善良な管理者の注意義務が求められます。

配偶者居住権は，令和２年４月１日以後に開始する相続に適用され，同日以後に作成する遺言書に定めることができます。

2　配偶者居住権の効果

たとえば，妻と子が相続人で，自宅である不動産が2000万円，預貯金が2000万円という遺産であったとしましょう。配偶者居住権を設定すると，妻は自宅に住み続ける権利を取得し，子は配偶者居住権を負担する不動産の所有権を取得します。そのうえで，預貯金の分割を行えば，法定相続分に応じた分割でありながら，妻は，夫の死亡後も住む場所と当面の生活費を確保できることになります。

住み続ける期間を「終身」とすると，権利は亡くなるまで続きます。その後，妻が亡くなると，配偶者居住権は消滅し，子が完全な所有者になるので，自宅の後継ぎ遺

贈という効果があります。この場合に，その不動産に関しては，配偶者の死亡時に相続税が課税されないため，相続税の節税対策としても注目されています。

ただし，配偶者居住権には，以下のように注意するべき点が多く，慎重な検討が必要です。

3　不動産の価値が下がる

借入れを行う場合，配偶者居住権が設定された不動産は，担保価値が低くなります。

4　配偶者居住権は売却できないが消滅させることができる

配偶者居住権は，相続が開始した時に自宅に住んでいた配偶者にだけ認められる権利であり，売却することはできません。たとえば，老人ホームに入居する費用が必要となった場合でも，配偶者居住権を売却することはできません。

ただし，配偶者居住権は，所有者（上記の例では子）との合意によって，無償又は有償により消滅させることができます。つまり，現実には，その不動産の所有者に対してのみ贈与又は売却ができるということです。この場合，贈与税又は所得税の課税対象となるため，注意が必要です。

また，所有者の了解を得て，他に賃貸することも可能です。

5　さらなる問題が生じることも

そもそも遺族が仲睦まじくあれば，配偶者居住権を設定する必要性は乏しいと考えられます。配偶者居住権の設定を検討するのは，遺産の分割に当たって，配偶者の気持ちや老後の生活資金に配慮してくれない相続人が存在すると考えるからではないでしょうか。そうすると，配偶者居住権が記された遺言を見て，子は親から信頼されていなかったと傷つくかもしれません。それが新たな火種になって，家族の関係がより混乱するかもしれません。配偶者居住権は，高齢化，家族の多様化，家族としての意識の希薄化といった時代の要請に応えるものです。しかし，それが，自分たち家族の幸福の助けになるものかどうかは，慎重に検討する必要があります。

また，後継ぎ遺贈や節税の目的で配偶者居住権を設定することについても，慎重であるべきです。期間満了前に配偶者居住権を消滅させた場合には，思いがけない税負担が生じる場合があります。

27 遺産分割前の預貯金の払戻し

参　照　民法909の２①

Point

■分割協議前に，各相続人が単独で払戻しを請求できる仮払制度がある

1 預貯金の分割に関する判例変更

かつての最高裁判決は，預貯金等の金銭債権は，共有にならない「可分債権」であり，遺産分割を経ずに，各相続人が法定相続分によって当然に相続するものとしていました。そのため，裁判所における遺産分割審判では，預貯金を遺産分割の対象として調整することができませんでした。

しかし，一般には，預貯金も，遺産分割の対象として遺産分割協議をしており，調停においても，これを対象外とする厳格な取扱いを行ってはいませんでした。したがって，金融機関は，相続が開始したことを知ると，被相続人名義の預貯金を凍結し，所定の手続きを経るまで，その払戻しをしない対応を行います。

このような現実を踏まえ，平成28年12月19日の最高裁大法廷決定は，判例を変更し，預貯金は，遺産分割の対象であり，各相続人による単独での払戻しはできないと判断しました。生活費や葬儀費用の支払，相続した債務の弁済などの必要があっても，遺産分割が終了するまでの間は，被相続人の預貯金はその払戻しができないのです。

2 預貯金の仮払制度の創設

そこで，平成30年の民法改正では，預貯金の仮払制度が創設されました。

各相続人は，遺産分割前であっても，金融機関ごとに，次の金額まで，単独で預貯金の払戻しを請求することができます。

相続開始時の預貯金の額 $\times \frac{1}{3} \times$ 払戻しを行う相続人の法定相続分 ＝ 単独で払戻しをすることができる額（上限150万円）

28 贈　　与

参照　民法549～554

Point

■口約束の贈与も有効，ただし撤回可能

1 口約束の贈与は撤回できる

贈与は，当事者の一方が自己の財産を無償で相手方に与える意思を表示し，相手方が受諾をすることによって，効力が生じます。

債務の免除，用益物権の設定やその放棄も贈与になります。

贈与	諾成契約	契約当事者の合意により成立する契約
	片務契約	当事者の一方が対価的債務を負わない契約
	無償契約	対価的給付をしない契約
	不要式契約	方式を必要としない契約

口約束であっても贈与契約は成立します。ただし，書面によらない贈与契約は，履行の終わった部分を除いて，各当事者が自由に撤回することができます。

2 贈与者の責任

贈与者は，贈与の目的である物又は権利の瑕疵又は不存在について，その責任を負いません。ただし，贈与者がその瑕疵又は不存在を知りながら受贈者に告げなかったときは，責任が発生します。また，負担付贈与については，贈与者は，その負担の限度において，売買の場合の売主と同じ担保責任を負います。

3 負担付贈与

「負担付贈与」とは，たとえば，家を贈与しその家のローンを弁済させるというように，受贈者に一定の負担をさせることを条件とする贈与契約です。

負担付贈与により負う債務は，贈与者自身の債務でなくてもかまいません。

第2章

相続税のしくみ

5分間レクチャー！ この章のポイント

1 財産をもらった場合の課税関係

個人が個人から財産を無償で取得した場合には，相続税又は贈与税が課税されます。所得税及び住民税は課税されません。

個人が法人から財産を無償で取得した場合には，所得税及び住民税が課税され，相続税及び贈与税は課税されません。

個人が法人に財産を贈与又は遺贈した場合は，法人に法人税が課税され，贈与等をした個人やその法人の株主にも課税が生じる場合があります。

個人と法人との間で，無償で財産のやり取りをすると，思いがけない税負担が発生する場合があります。

2 相　続　税

相続税は，相続又は遺贈によって財産を取得した場合に課される税です。

正味の遺産額が基礎控除額を超える場合に，その超える部分（課税遺産総額）に対して課税されます。正味の遺産額が基礎控除額以下である場合は，相続税の申告を行う必要はありません。

基礎控除額は，「3000万円＋600万円×法定相続人の数」で計算します。

ただし，相続税には，配偶者の税額軽減など申告書にその適用を受ける旨を記載している場合に限り適用される特例があり，したがって，申告書を提出することにより納付税額がゼロになることもあります。

3 相続税の申告期限

相続税の申告及び納税の期限は，被相続人の死亡したことを知った日（通常は死亡した日）の翌日から10ヶ月以内です。

期限内に申告書を提出しない場合は，無申告加算税が課せられます。

1　相続，遺贈，贈与の課税関係

Point

■個人が個人から財産をもらった場合には，相続税又は贈与税

■個人が法人から財産をもらった場合には，所得税と住民税

■個人から法人への贈与は，税負担が大きい

1　個人から個人へ

相続又は遺贈，個人から個人へ財産の贈与があった場合には，所得税及び住民税は課税されません。相続税又は贈与税が課税されます。

2　法人から個人へ

相続税及び贈与税は，「個人から個人へ」の財産の移転に限って課税される税であり，個人が法人から財産の贈与を受けた場合には，贈与税は課税されません。その財産をもらった個人に，一時所得又は給与所得として所得税及び住民税が課税されます。

財産を贈与した法人は，財産を時価で譲渡したことになり，贈与した財産の時価と取得費との差額である「売却益」が計上されます。

しかし，売却収入となるお金を受け取っていませんから，贈与した財産の時価相当額について，雇用関係がある人に対する贈与であれば「賞与」，雇用関係がない人に対する贈与であれば「寄附金」を支払ったことになります。いずれも損金算入に制限があり，法人税の負担が生じる場合があります。

3　個人から法人へ

(1)　株式会社等の営利法人

株式会社等の営利法人が，財産の贈与を受けた場合には，その財産の時価が利益（受贈益）になります。

譲り受けた資産が減価償却資産である場合には，減価償却を通して費用化されます。

また，土地などの非減価償却資産である場合には，売却するまで費用となるのを待つことになります。

また，贈与をした個人については，その贈与した財産を時価で譲渡したものとみなされる「みなし譲渡」が適用されます。したがって，含み益のある土地や有価証券を贈与した場合には，その時価を収入金額とする譲渡所得が計算され，所得税及び住民税が課税されます。

さらに，法人が同族会社である場合には，その法人の株主に贈与税が課税される場合があります。財産の贈与により，その法人の１株当たりの価格が値上がりするので，その値上がり益に相当する金額の贈与があったとみなされるのです。

個人から法人への贈与は，税負担の問題が大きいといえるでしょう。

なお，「同族会社」とは，上位３人の株主及びその株主と特殊な関係にある個人や法人の所有する株式の数が50％を超えている会社をいいます。「特殊な関係にある個人や法人」とは，次の者をいいます。

イ　株主の親族（配偶者，６親等内の血族及び３親等内の姻族）
ロ　株主と事実上の婚姻関係にある者
ハ　株主の使用人，株主が与える金銭等により生計を立てている者
ニ　ロ～ハの者と同一生計である親族
ホ　株主の１人とその株主に係るイ～ニまでの個人が発行済株式の50％を超えて所有している他の会社

⑵　公益法人

公益法人等が受ける財産の贈与には，法人税は課税されません。

⑶　人格のない社団等

人格のない社団又は財団が個人から財産の遺贈又は贈与を受けた場合には，個人とみなされて相続税又は贈与税が課税されます。

4　法人から法人へ

株式会社等の営利法人が他の法人から財産の贈与を受けた場合は，その受贈益に法人税が課税されます。

財産を贈与した法人は，財産を時価で譲渡したことになり，「寄附金」とともに，「売却益」が計上されます。寄附金には損金算入に制限があります。

2　なぜ相続税があるのか

Point

■相続税は，所得税を補完し，富の集中を抑制するために設けられている

■贈与税は，相続税を補完するために設けられている

1　相続税の目的

「相続税」とは，相続又は遺贈によって財産を取得した相続人及び受遺者に対して，その取得した財産の価格を基礎に，国が課税する財産税です。

親が亡くなって子がその財産を受け継ぐのに，なぜ税金がかかるのでしょうか。相続税は，次のような考え方から設けられています。

(1)　所得税の補完機能

人がお金を稼いだ場合には所得税が課税されますが，所得税には非課税や軽減措置が設けられています。相続税には，特例等によって所得税が課税されず蓄積された財産を相続の時点で清算する，という所得税の補完機能があります。

(2)　富の集中の抑制機能

相続税は，相続により相続人等が得た財産の一部を税として徴収するものであり，相続により財産を増やした者と相続しなかった者との間の財産の保有状況の均衡を図り，富の集中を抑制するという機能があります。

2　贈与税の目的

被相続人が，生前，配偶者や子供に財産を贈与すれば，相続税の課税財産が減り，相続税の負担が少なくなります。したがって，贈与により財産を分散した場合としなかった場合とでは，財産の額が同じであっても相続税の負担に不公平が生じます。

そこで，個人間の贈与には贈与税を課税することとされ，贈与税は相続税よりも，課税最低限は低く，税率の累進度合は高く設定されています。

贈与税は相続税を補完するものであり，相続税法に規定されています。

3　どのような場合に相続税が課税されるのか

Point

■相続税は，正味の遺産額が基礎控除額を超える場合に課税される

1　課税遺産総額

亡くなった人（被相続人）から相続人等が相続又は遺贈により取得した財産の価額の合計額が基礎控除額を超える場合には，相続税の課税の対象となります。

具体的には，各人ごとに下図の①②③の合計額からⓐⓑⓒを控除し，その残額を合計した**正味の遺産額**（各人の課税価格の合計額）が**基礎控除額**を超える場合に，その超える部分（**課税遺産総額**）に対して，課税されます。

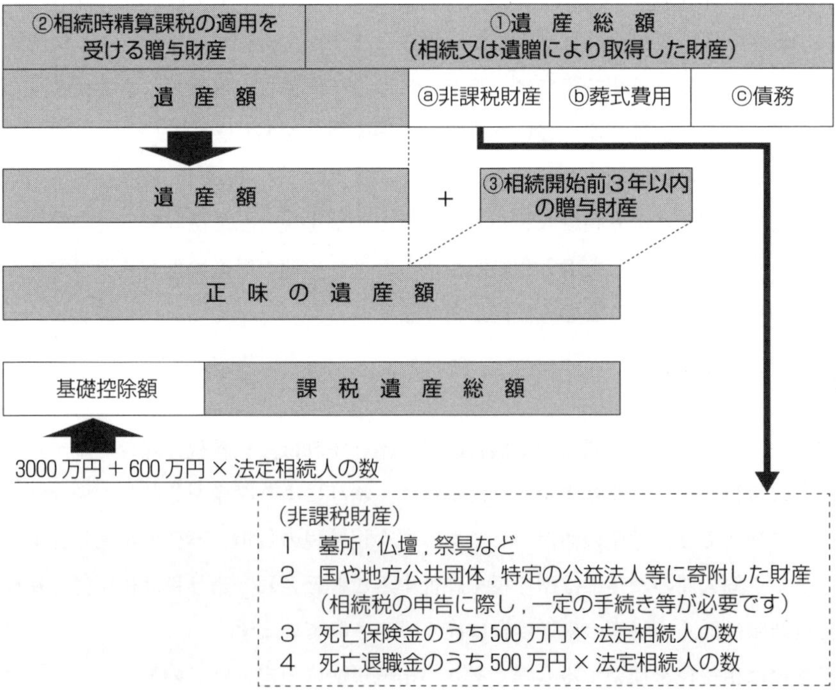

4 相続税の納税義務者

参照　相法1の3，2，10，66

Point

■原則として，相続又は遺贈により取得した財産のすべてに課税される

■一時居住者は，日本国外にある財産について課税されない場合がある

1 個人の納税義務者

相続税の納税義務者（申告及び納税を行う義務がある人）及び相続税が課税される財産の範囲は，次のとおりです。

納税義務者	課税される財産
①　相続又は遺贈により財産を取得した時に日本国内に住所がある人（相続人が一時居住者で，被相続人が一時居住被相続人又は非居住被相続人である場合は③）	取得したすべての財産
②　相続又は遺贈により財産を取得した時に日本国内に住所がない次の人 イ　財産を取得した時に日本国籍を有している場合は，次のいずれかの人 (イ)　相続の開始前10年以内に日本に住所を有していたことがある人 (ロ)　相続の開始前10年以内に日本に住所を有していたことがない人（被相続人が一時居住被相続人又は非居住被相続人である場合を除きます。） ロ　財産を取得した時に日本国籍がない人で，被相続人が一時居住被相続人，非居住被相続人又は非居住外国人でない人	取得したすべての財産
③　相続又は遺贈により財産を取得した時に日本国内に住所があるが，一時居住者であり，被相続人が一時居住被相続人又は非居住被相続人である人	日本国内にある財産
④　相続又は遺贈により財産を取得した時に日本国内に住所がなく，②に該当しない人	日本国内にある財産

※　「一時居住者」とは，相続開始の時において在留資格を有し，その相続の開始前15年以内において日本国内に住所を有していた期間の合計が10年以下である人をいいます。

※　「一時居住被相続人」とは，相続開始の時に在留資格を有し，日本国内に住所を有していた被相続人で，その相続の開始前15年以内に日本国内に住所を有していた期間の合計が10年以下の人をいいます。

※ 「非居住被相続人」とは，相続開始の時に日本国内に住所を有していなかった被相続人で，(a)相続の開始前10年以内のいずれかの時において日本国内に住所を有していたことがある人のうち，そのいずれの時においても日本国籍を有していなかった人，又は，(b)その相続の開始前10年以内に日本国内に住所を有していたことがない人をいいます。
※ 「非居住外国人」とは，平成29年４月１日から相続又は遺贈の時まで引き続き日本国内に住所を有しない人で日本国籍を有しない人をいいます。

相続又は遺贈により財産を取得していなくても，贈与により相続時精算課税の適用を受ける財産を取得した人は，相続税の納税義務者となります。

また，「国外転出時課税の納税猶予の特例」の適用を受けていたときは，取扱いが異なる場合があります。

2 取得財産の所在場所

主な財産の所在地は，次のとおりです。

財産の種類	財　産　の　所　在
動産又は不動産	動産（現金を含む）又は不動産の所在 船舶又は航空機は，それらの登録機関の所在
金融機関に対する預貯金等	受入れをした営業所又は事業所の所在
保　険　金	保険契約に係る保険会社の本店の所在
退職手当金等	支払った者の住所又は本店の所在
貸付金債権	債務者の住所又は本店の所在
社債，株式又は出資	社債・株式の発行法人又は出資のされている法人の本店の所在
日本の国債又は地方債	日本
外国の公債	その外国

3 個人とみなされる納税義務者

税負担の公平を図るため，次に該当する場合は，その社団・財団・法人は個人とみなされ，相続税又は贈与税の納税義務者となります。

① 人格のない社団又は財団が個人から財産の遺贈又は贈与を受けた場合

② 持分の定めのない法人が個人からの財産の遺贈又は贈与を受けた場合で，その個人の親族などの相続税や贈与税の負担が不当に減少する結果と認められるとき

5 相続税，被相続人の所得税及び消費税の申告期限

参照　相法27，所法124，125，消法45

Point

■相続税の申告は，相続開始から10ヶ月以内に行う

■申告しないと受けられない特例がある

1 相続税の申告と納付の期限

相続税の申告及び納付の期限は，被相続人の死亡したことを知った日（通常は死亡した日）の翌日から10ヶ月以内です。

例）1月20日に死亡　→　申告期限は11月20日

2 申告要件の特例

正味の遺産額（各人の課税価格の合計額）が**基礎控除額**以下である場合（**課税遺産総額**がゼロである場合）は，相続税の課税はなく，相続税の申告を行う必要もありません。

ただし，相続税には，申告書にその特例の適用を受ける旨を記載している場合に限り適用される（これを「申告要件」といいます）特例があります。

したがって，申告書を提出することにより納付税額がゼロになることもあります。

申告要件がある相続税の特例	
① 配偶者の税額軽減	④ 国等に財産を寄附した場合の非課税
② 小規模宅地等の減額	⑤ 農地等の相続税の納税猶予
③ 特定計画山林の減額	⑥ 非上場株式等の相続税の納税猶予

3 被相続人の所得税及び消費税の申告

所得税又は消費税の申告をすべき人が亡くなった場合は，相続人は，その全員の連名により，被相続人が死亡した日の翌日から４ヶ月以内に，被相続人の所得税又は消費税の確定申告書を提出する義務があります。

6 延納・物納・連帯納付

参照　相法34，38，41，52，措法70の12，93

Point

■延納は税金の分割納付，物納は金銭以外の資産による納付

■相続人間には互いに連帯納付義務がある

1 延納制度

税金は，金銭で一時に納付することが原則です。しかし，相続税額が10万円を超えている場合において，納期限までに金銭で納付することを困難とする事由があるときは，分割で納付する延納制度を利用することができます。

延納する場合には，利子税が課税されます。また，延納税額が100万円以下で延納期間が３年以下である場合を除いて，担保の提供が必要です。

【延納期間と利子税の率】

不動産等の割合	区　分	最長延納期間	年率（特例割合）
75%以上	①　動産等に係る税額	10年	1.1%
	②　不動産等に係る税額（③を除く）	20年	0.7%
	③　森林計画立木に係る税額	20年	0.2%
50%以上75%未満	④　動産等に係る税額	10年	1.1%
	⑤　不動産等に係る税額（⑥を除く）	15年	0.7%
	⑥　森林計画立木に係る税額	20年	0.2%
50%未満	⑦　一般の税額（⑧⑨⑩を除く）	５年	1.3%
	⑧　立木の割合が30%を超える場合の立木に係る税額（⑩を除く）	５年	1.0%
	⑨　特別緑地保全地区内の土地に係る税額	５年	0.9%
	⑩　森林計画立木に係る税額	５年	0.2%

※　③⑥⑩は，森林計画立木の割合が20％以上の場合です。

※　この表の「特例割合」は，令和２年１月１日現在の計算です。年ごとに変更される可能性がありますのでご注意ください。

2　物納制度

延納によっても金銭で納付することを困難とする事由があるときは，相続した財産（物納適格財産であるなどの要件を満たしたものに限られます）で納める物納制度を利用することができます。

順　位	物納に充てることのできる財産の種類
第1順位	不動産，船舶，国債証券，地方債証券，上場株式等
第2順位	非上場株式等
第3順位	動産

相続開始前から被相続人が所有していた特定登録美術品は，上の表の順位によることなく物納に充てることができます。特定登録美術品とは，「美術品の美術館における公開の促進に関する法律」に定める登録美術品のうち，相続開始時において，すでに登録を受けているものをいいます。

3　延納・物納の手続き

延納又は物納をするには，納期限までに所轄税務署に申請書及び手続きに必要な関係書類を提出し，許可を受けなければなりません。

4　連帯納付制度

相続税の納付については，原則として，各相続人等が，相続又は遺贈により受けた利益の価額を限度として，相互に連帯して納付しなければならない義務が課せられています。

したがって，相続人の中に納税をしない人がいると，他の相続人が納付しなければなりません。

連帯納付義務がある場合	連帯納付義務がない場合
右に該当しない場合	①　本来の納税義務者の相続税の申告書の提出期限等から5年以内に税務署長が，「納付通知書」を発していない場合 ②　本来の納税義務者が延納の許可を受けている場合 ③　本来の納税義務者が農地や非上場株式などの相続税の納税猶予の適用を受けている場合

7 加算税・延滞税

参照　通則法35，60，61，措法94

Point

■期限後申告には無申告加算税が課せられる

■税金の納付が遅れると延滞税が課せられる

1 加算税

法定申告期限内に申告書を提出しなかった場合，無申告加算税が賦課されます。無申告加算税の割合は，本税50万円までは10%，50万円を超える部分は20%です。

期限内申告をした場合であっても，修正申告により税額が増加したときは，その増差税額に10%（期限内申告税額と50万円のいずれか多い金額を超える部分は15%）の過少申告加算税が賦課されます。

仮装や隠蔽があった場合には無申告加算税又は過少申告加算税に代えて重加算税（35%又は40%）が賦課されます。

ただし，適正な申告をできなかったことについて正当な理由がある場合には賦課されない等の特例があります。

2 延滞税

税金が定められた期限（納期限）までに納付されない場合には，納期限の翌日から納付する日までの日数に応じて，利息に相当する延滞税が課されます。

延滞税の割合は，納期限の翌日から２月を経過する日までの期間は，「特例基準割合＋１%」（令和２年は2.6%）です。納期限の翌日から２月を経過した日以後の割合は「特例基準割合＋7.3%」（令和２年は8.9%）となります。

※「特例基準割合」とは，銀行の新規の短期貸出約定平均金利をもとに各年の前年の12月15日までに財務大臣が告示する割合に，年１%を加算した割合です。

ただし，申告期限後１年を経過してから修正申告をした場合などには，一定の期間について延滞税を課税しない特例があります。

第3章

相続税の計算手順

相続税の計算手順

5分間レクチャー！ この章のポイント

相続税は，「正味の遺産額」「相続税の総額」「各人の納付税額」の３段階で計算します。

区分	相続人等	A	B	C	各人の合計
正味の遺産額の計算	遺産総額（非課税控除後）	①	②	③	
	相続時精算課税の贈与財産	④	⑤	⑥	
	債務・葬式費用	⑦	⑧	⑨	
	純資産価額	①＋④－⑦＝⑩（赤字は０）	②＋⑤－⑧＝⑪（赤字は０）	③＋⑥－⑨＝⑫（赤字は０）	
	３年内贈与加算	⑬	⑭	⑮	
	正味の遺産額（千円未満切捨）	⑩＋⑬＝⑯	⑪＋⑭＝⑰	⑫＋⑮＝⑱	⑯＋⑰＋⑱＝イ
相続税の総額の計算	基礎控除	3000万円＋600万円×法定相続人の数			ロ
	課税遺産総額	イ－ロ			ハ
	法定相続分	ニ	ホ	ヘ	1.00
	法定相続分に応じる取得価額（千円未満切捨）	ハ×ニ＝ト	ハ×ホ＝チ	ハ×ヘ＝リ	
	相続税の総額	ト×税率＝ヌ	チ×税率＝ル	リ×税率＝ヲ	ヌ＋ル＋ヲ＝ワ（百円未満切捨）
各人の納付税額の計算	各人の税額	ワ×⑯/イ＝a	ワ×⑰/イ＝b	ワ×⑱/イ＝c	
	２割加算	d	e	f	
	各種税額控除	g	h	i	
	納付すべき税額（百円未満切捨）	a＋d－g	b＋e－h	c＋f－i	

1　正味の遺産額

参照　相法11の２～13，19

Point

■非課税，債務，葬式費用を控除し，３年以内の生前贈与を加算する

正味の遺産額（各人の課税価格の合計額）は，次のように計算します。

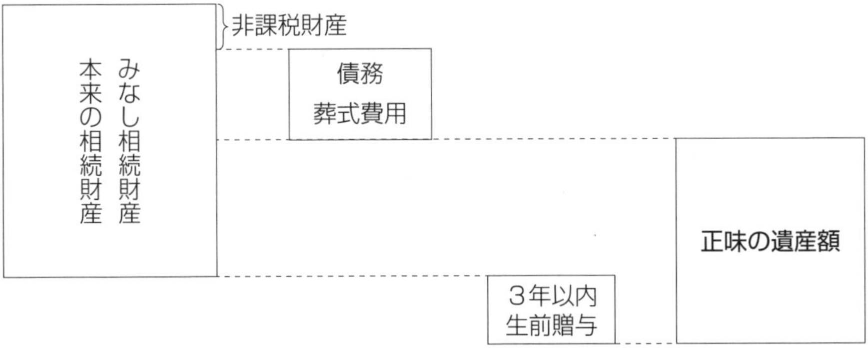

＜各人の課税価格＞

① 相続又は遺贈により取得した財産の価額とみなし相続により取得した財産（生命保険金等）の価額を合計し，非課税財産の価額を控除します。

② 相続時精算課税の適用があるときは，相続時精算課税適用の贈与財産の価額を加えます。

※ 相続時精算課税については，「第７章 4 相続時精算課税」を参照してください。

③ その人が負担した債務及び葬式費用の額を控除し，純資産価額を計算します（純資産価額が赤字のときはゼロとなります）。

④ 純資産価額に相続開始前３年以内の贈与財産の価額を加え，千円未満を切り捨てたものが各人の課税価格です。

＜正味の遺産額＞

⑤ 各人の課税価格を合計したものが**正味の遺産額**となります。

2 相続税の総額

参照　相法15，16

Point

■正味の遺産額を法定相続分どおりに取得したと仮定して計算

相続税の総額は，遺産を法定相続分どおりに分けたものと仮定して，計算します。

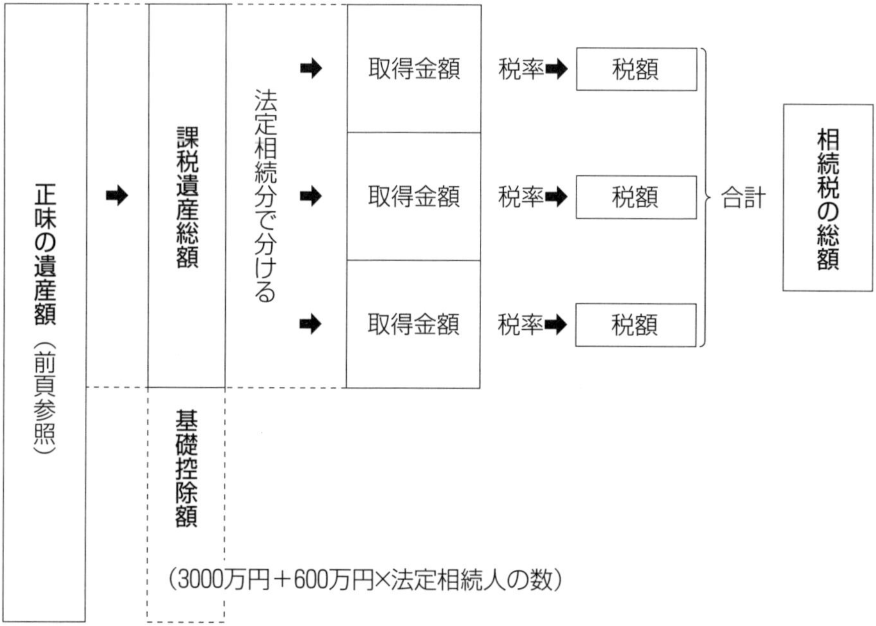

① **正味の遺産額**から**基礎控除額**を差し引いて，**課税遺産総額**を計算します。

② **課税遺産総額**を，各法定相続人が民法に定める法定相続分に従って取得したものと仮定して，各法定相続人の取得金額を計算します。千円未満の金額は切り捨てます。

③ 各法定相続人の取得金額に税額速算表を適用して相続税の総額の基となる税額を算出します。

④ 各法定相続人の算出税額を合計して「**相続税の総額**」を計算します。

3　各人の納付税額

参　照　相法16～20の２

Point

■あん分，加算，控除の順で計算する

各人の納付税額は，あん分，加算，控除の順で計算します。

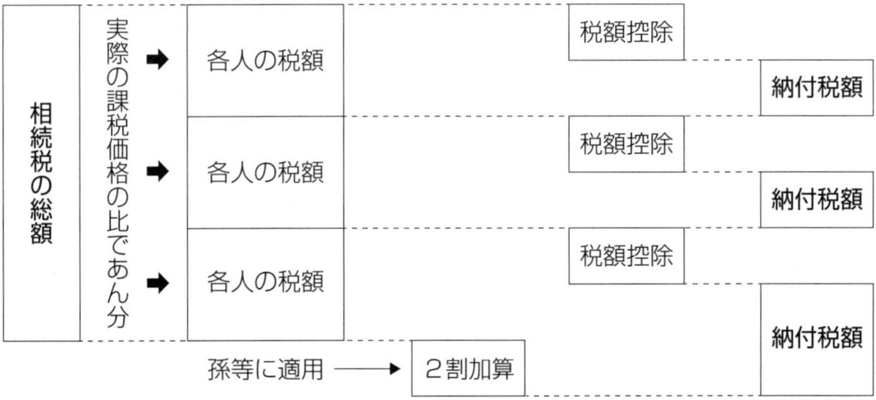

①　**相続税の総額**を各人が実際に取得した課税価格の割合で割り振り（あん分）します。

②　一親等の血族（子・親）及び配偶者以外は，税額の２割加算を行います。

③　次の順序で税額控除を差し引いた残りの金額が各人の**納付税額**になります。

※　暦年課税分の贈与税額が相続税額を上回っていても，贈与税額の還付を受けることはできません。

①　暦年課税分の贈与税額控除
②　配偶者の税額軽減
③　未成年者控除
④　障害者控除
⑤　相次相続控除
⑥　外国税額控除

→　これらの税額控除をした上で赤字の場合，税額はゼロとなります。

⑦　相続時精算課税に係る贈与税額

→　赤字の金額について還付申告をすることができます。

4 相続人と法定相続人の数

参照　相法12，15，16，相令3の2

Point

■放棄した人は「相続人」ではないが，「法定相続人の数」には含まれる

■「法定相続人の数」に算入する養子の数は制限される

1 相　続　人

民法に定められた遺産を相続する権利のある人のうち，相続を放棄した人及び相続権を失った人を除いた者が「相続人」となります。

2 法定相続人の数

相続を放棄した人は「相続人」ではありませんが，「法定相続人の数」は，相続の放棄がなかったものとして計算します。

相続税の計算において，「法定相続人の数」が関係するのは，次の4項目です。

「法定相続人の数」が関係する項目
①　相続税の基礎控除額
②　生命保険金の非課税限度額
③　死亡退職金の非課税限度額
④　相続税の総額の計算

3 養子がある場合の法定相続人の数

被相続人に養子がある場合には，「法定相続人の数」に算入する養子の数は，次のように制限されます。

「法定相続人の数」に算入する養子の数
●　被相続人に実子がある場合　…　1人
●　被相続人に実子がない場合　…　2人まで

ただし，次のいずれかに該当する人は，実子として取り扱われ，すべて法定相続人の数に含まれます。

①　特別養子縁組により被相続人の養子となっている人

②　被相続人の配偶者の実の子供で被相続人の養子となっている人

③　特別養子縁組により結婚前に配偶者の養子となっていた人で，被相続人と配偶者との結婚後に被相続人の養子となった人

④　被相続人の実子又は養子の代襲相続人である孫等の直系卑属

<table>
<tr><th colspan="5">相続関係者の区分</th><th>民法上の相続人</th><th>法定相続人の数</th></tr>
<tr><td colspan="5">相続権を失った人</td><td>×</td><td>×</td></tr>
<tr><td colspan="5">相続を放棄した人</td><td>×</td><td>○</td></tr>
<tr><td rowspan="5">その他の者</td><td colspan="4">配偶者</td><td>○</td><td>○</td></tr>
<tr><td rowspan="4">子</td><td colspan="3">実子</td><td>○</td><td>○</td></tr>
<tr><td rowspan="3">養子</td><td colspan="2">特別養子，連れ子である養子</td><td>○</td><td>○</td></tr>
<tr><td rowspan="2">上記以外</td><td>実子がある場合は１人まで
実子がない場合は２人まで</td><td>○</td><td>○</td></tr>
<tr><td>３人目以上</td><td>○</td><td>×</td></tr>
</table>

4　具　体　例

〈具体例１〉

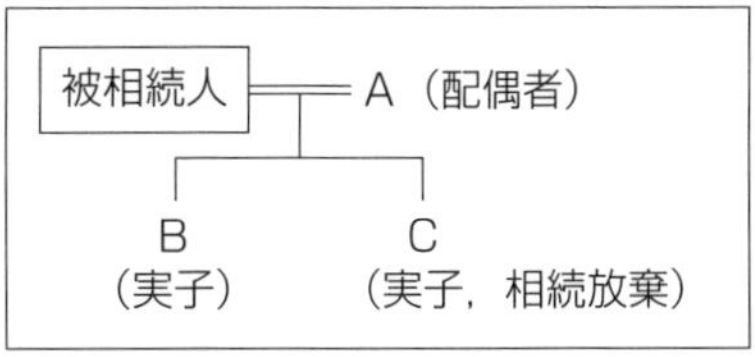

➡ 相続人は，A，B，
法定相続人の数は，３人（Cの放棄はなかったものとする）

〈具体例２〉

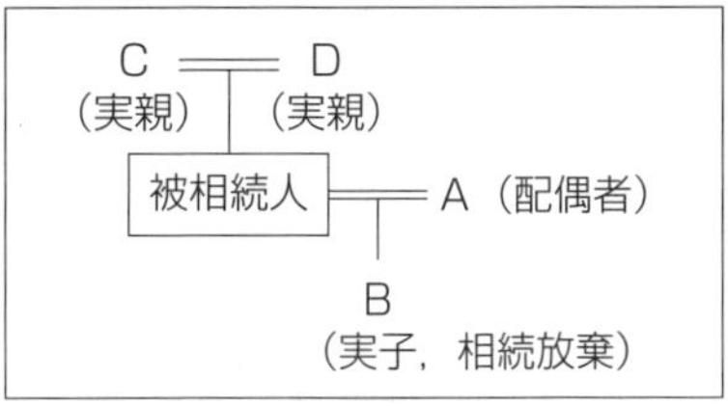

➡ 相続人は，A，C，D，
法定相続人の数は，２人（Bの放棄はなかったものとする）

〈具体例3〉

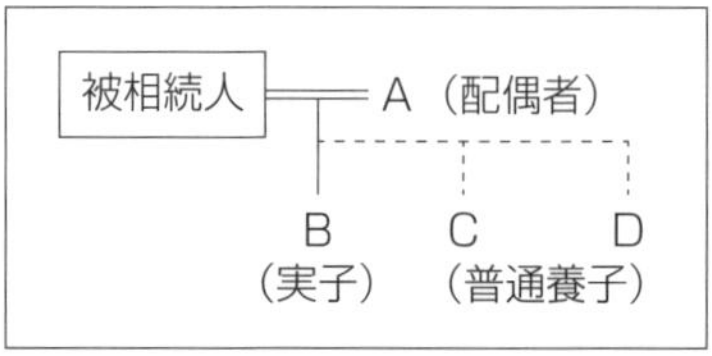

➡

相続人は，A，B，C，D，
法定相続人の数は，3人（実子があるので養子は1人まで）

〈具体例4〉

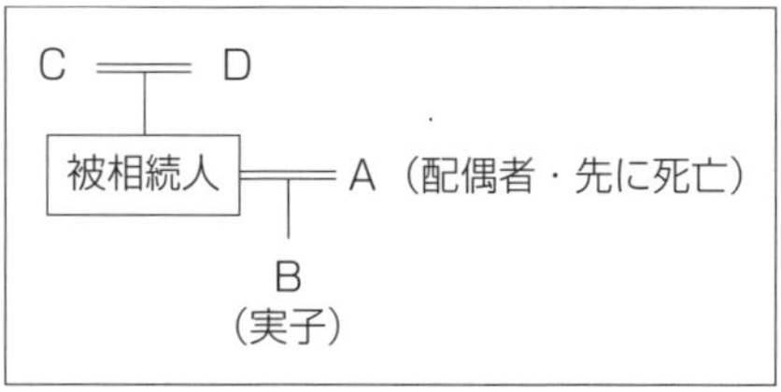

➡

相続人は，B（配偶者がなくても子のみ）
法定相続人の数は，1人

〈具体例5〉

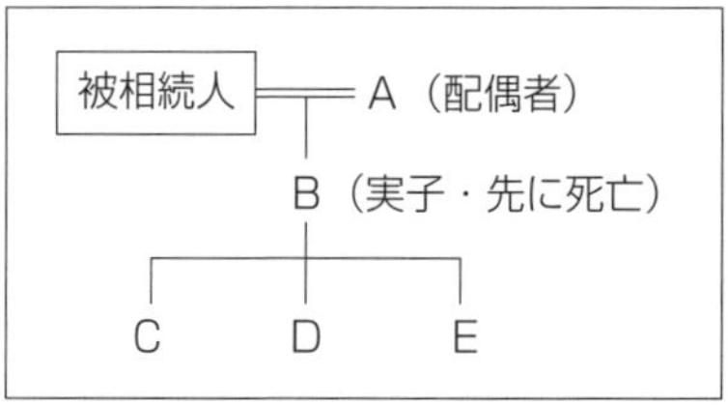

➡

相続人は，A，C，D，E（C，D，Eが代襲相続）
法定相続人の数は，4人

〈具体例6〉

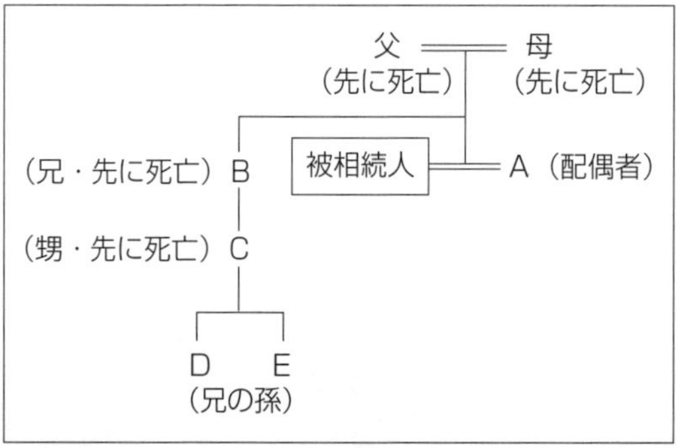

➡

相続人は，A（兄弟姉妹の孫は代襲相続しない）
法定相続人の数は，1人

5　基礎控除額と税率

参　照　相法15，16

Point

■基礎控除額＝3000万円＋600万円×法定相続人の数

1　基礎控除額

基礎控除額は，3000万円に法定相続人１人につき600万円を加算した金額です。

基礎控除額 ＝ 3000万円＋600万円×法定相続人の数

2　相続税は超過累進税率

相続税の税率は，課税標準となる金額を８つの段階に区分し，上位の段階に進むに従って税率が高くなる超過累進税率を採用しています。

各法定相続人が法定相続分ごとに取得したと仮定した場合の取得金額を，次の速算表に当てはめて計算します。

法定相続分に応ずる取得金額	税率	控除額
1000万円以下	10%	－
1000万円超～3000万円以下	15%	50万円
3000万円超～5000万円以下	20%	200万円
5000万円超～１億円以下	30%	700万円
１億円超～２億円以下	40%	1700万円
２億円超～３億円以下	45%	2700万円
３億円超～６億円以下	50%	4200万円
６億円超	55%	7200万円

たとえば，法定相続分に応ずる取得金額が4000万円の場合の相続税額は，4000万円×20％－200万円＝600万円と計算します。

6　相続税額の計算の具体例

【事例】

妻が取得した財産の額	：１億7600万円（うち非課税1500万円）
妻が負担した葬式費用	：　100万円
子Ａ（満15歳）が取得した財産	：　2000万円
子Ｂ（満20歳）が取得した財産	：　2000万円
債　　務	：なし
生前贈与	：なし

(1)　正味の遺産額

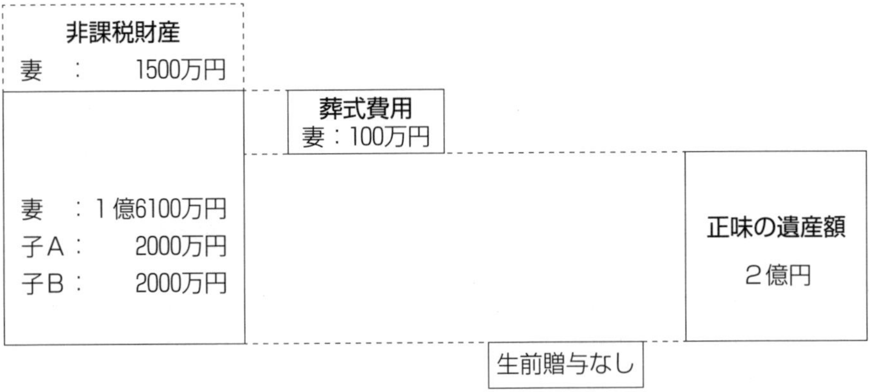

①　妻　：遺産総額１億7600万円－非課税1500万円－葬式費用100万円

　　　＝１億6000万円

②　子Ａ：遺産総額2000万円

③　子Ｂ：遺産総額2000万円

④　正味の遺産額：①＋②＋③＝２億円

⑵　相続税の総額

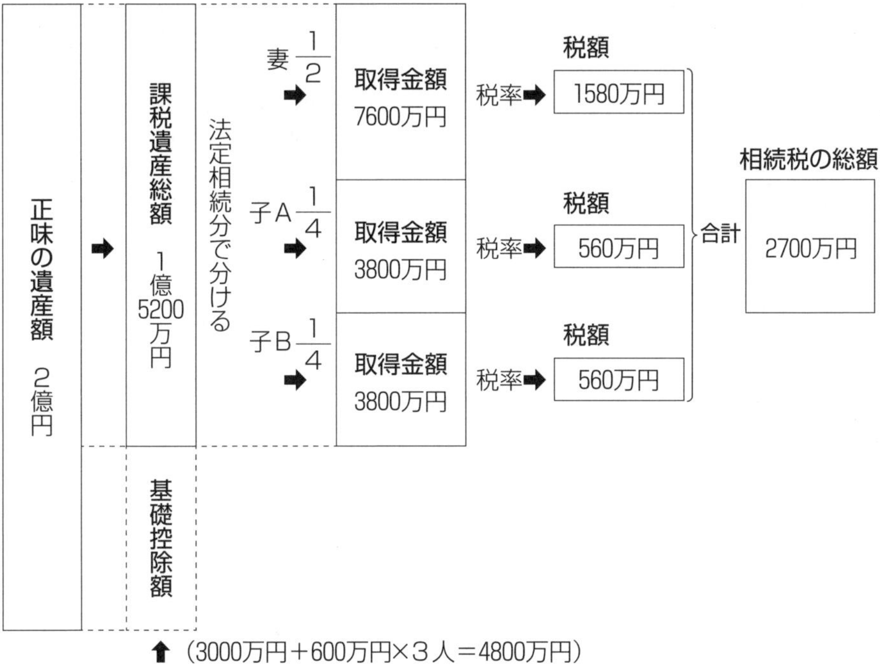

①　正味の遺産額：２億円

②　基礎控除額　：3000万円＋600万円×３人＝4800万円

③　課税遺産総額：①－②＝１億5200万円

④　法定相続分に応じる取得金額と算出税額

妻　：③× $\frac{1}{2}$ ＝7600万円，7600万円×30％－700万円＝1580万円

子Ａ：③× $\frac{1}{4}$ ＝3800万円，3800万円×20％－200万円＝560万円

子Ｂ：③× $\frac{1}{4}$ ＝3800万円，3800万円×20％－200万円＝560万円

⑤　相続税の総額：④の合計＝2700万円

⑶　各人の納付税額

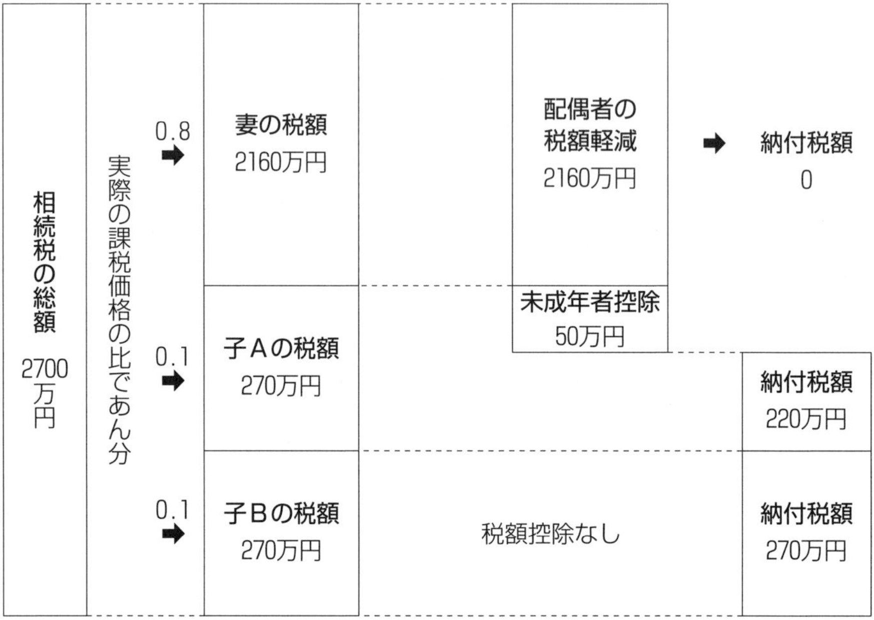

①　各人の税額

妻　：2700万円×$\dfrac{\text{1億6000万円}}{\text{2億円}}$(0.8)＝2160万円

子A：2700万円×$\dfrac{\text{2000万円}}{\text{2億円}}$(0.1)＝270万円

子B：2700万円×$\dfrac{\text{2000万円}}{\text{2億円}}$(0.1)＝270万円

②　各人の納付税額

妻　：2160万円－配偶者の税額軽減額2160万円＝０円

子A：270万円－未成年者控除額50万円＝220万円

子B：270万円

第4章

課税される財産と課税されない財産

5分間レクチャー！ この章のポイント

1 すべての財産が課税の対象

相続税は，死亡した人の財産を相続又は遺贈，死因贈与によって取得した場合に，その取得した財産に課税されます。

この場合の「財産」とは，現金，預貯金，有価証券，宝石，土地，家屋などのほか貸付金，特許権，著作権など金銭に見積もることができる経済的価値のあるすべてのものをいい，死亡退職金，被相続人が保険料を負担していた生命保険契約の死亡保険金等も，相続によって取得したものとみなされます。

2 相続税の非課税財産

お墓や公益事業の用に供される財産，生命保険金及び退職手当金のうち法定相続人１人につき500万円までの金額など，相続税が非課税となるものがあります。

3 土地の評価

土地は，路線価方式又は倍率方式で評価します。

「路線価方式」とは，道路に面する土地１㎡当たりの価額（路線価）を基に計算する方法です。「倍率方式」とは，固定資産税評価額に地域ごとに定められた倍率を乗じて計算した金額によって評価する方式です。

事業用宅地は400㎡まで，居住用宅地は330㎡まで，評価額を80％減額する特例があります。貸付事業用宅地は，200㎡まで，減額割合は50％です。

4 上場株式の評価

上場株式は，金融商品取引所が公表する価格を基に評価します。

1 相続税の課税対象となる財産

参照　相法２，３，４，19，21の９，21の14～21の16，措法70の５，70の７の３

Point

■金銭に見積もることができる経済的価値のあるすべての財産が課税の対象

1 すべての財産が課税の対象

相続税は，死亡した人の財産を相続又は遺贈（遺贈には死因贈与を含みます）によって取得した場合に，その取得した財産に課税されます。

この場合の「財産」とは，下記をいいます。

現金，預貯金，有価証券，宝石，土地，家屋などのほか貸付金，特許権，著作権など金銭に見積もることができる経済的価値のあるすべてのもの

また，次に掲げる財産も相続税の課税対象となります。

①　相続又は遺贈によって取得したものとみなされる財産

死亡退職金，被相続人が保険料を負担していた生命保険契約の死亡保険金などが該当します。

②　相続開始前３年以内に贈与を受けた財産

相続又は遺贈により財産を取得した人が，相続開始前３年以内に被相続人から贈与を受けた財産です。贈与時の価額で相続財産の価額に加算します。

③　相続時精算課税の適用を受けた贈与財産

相続時精算課税の適用を受けた贈与財産です。贈与時の価額で相続財産の価額に加算します。

2 特別の規定による課税

次のものも，相続又は遺贈によって取得したものとして課税されます。

①　被相続人からの生前贈与について，贈与税の納税猶予の特例を受けていた農地や非上場会社の株式など

②　相続人がいない場合に，相続財産法人から与えられた財産

3 家族名義の財産

相続財産であるかどうかは，その名義によって単純に判断することはできません。被相続人名義の財産だけでなく，被相続人が形成し，管理運用しているものは，家族名義であっても，相続税の対象となります。

たとえば，被相続人が子どもや孫の名義で運用している貯金は，形式的な名義ではなく実質的な判断で被相続人の財産として相続税の対象となるのです。被相続の配偶者や子に過去の収入に見合わない多額の預貯金や生命保険料の支払がある場合などは，被相続人が形成した相続財産である可能性が高くなります。

家族が所有する財産については，相続財産でないことを明らかにするために，その財産のもとになった収入や贈与の事実，管理や運用の実態について，整理しておく必要があります。

2 相続税の非課税財産

参　照　相法２，12，措法70，措令40の４，相令附則４，平20改正法附則88，平20改正措令附則57，所法９，所令30

Point

■お墓・公益事業の用に供される財産は，非課税

■生命保険金・退職手当金は，法定相続人１人につき500万円の非課税

1 相続税の非課税財産

相続税の非課税財産のうち，主なものは次のとおりです。

① 墓地や墓石，仏壇，仏具，神を祭る道具など日常礼拝をしている物

※ 骨とう的価値があるなど投資の対象となるものや商品として所有しているものには，相続税が課税されます。

② 宗教，慈善，学術，その他公益を目的とする事業を行う個人等が取得した財産で公益を目的とする事業に使われることが確実なもの

③ 心身障害者共済制度に基づいて支給される給付金を受ける権利

④ 死亡保険金のうち500万円に法定相続人の数を乗じた金額までの部分

⑤ 退職手当金等のうち500万円に法定相続人の数を乗じた金額までの部分

⑥ 個人で経営している幼稚園の事業に使われていた財産で相続人のいずれかが引き続きその幼稚園を経営する等の要件を満たすもの

⑦ 相続税の申告期限までに国又は地方公共団体等に寄附したもの，又は，相続税の申告期限までに特定の公益信託の信託財産とするために支出した金銭

2 交通事故の損害賠償金

交通事故の加害者から，被害者が死亡したことに対して遺族に支払われる損害賠償金は，相続税の対象とはなりません。また，所得税も非課税とされているので，一切の税金はかかりません。なお，被相続人の生存中に損害賠償金が支払われることが決まっていて，受け取る前に死亡してしまった場合には，その損害賠償金を受け取る権利は，債権（未収入金）として相続財産となり，相続税が課税されます。

3 お墓や仏具の非課税

参　照　相法12，13，相基通13－６

Point

■金の仏像は，すべてが非課税になるわけではない

■お墓の購入は現金で

1 骨董品や大量所有は課税の対象

お墓や仏具には相続税が課税されません。たとえ，どんなに立派でお金がかかっていても，非課税となります。

ただし，仏壇や仏具の非課税は，「日常礼拝をしている物」に限られます。骨とう的価値があるなど投資の対象となるものや商品として所有しているものは，非課税になりません。

近年，純金の仏像や仏鈴を購入する節税対策がブームとなっているようですが，一般家庭で，日常礼拝するために複数の仏像を所有しているのは不自然です。金の仏像や仏鈴をいくつも所有していた場合は，すべてが非課税になるわけではないと考えるべきでしょう。

また，金の価格に対して仏像や仏鈴の価格はかなり高額となります。これらには，工芸品としての価格が付けられますから，同じ重さの金の地金の数倍になっていることもあります。「節税のために割高の金製品を購入してしまい，結局は損をした」ということも多いと考えられます。

2 お墓，仏具の購入は現金で

墓や仏具を購入する場合は，ローンではなく現金で支払っておくのがよいでしょう。非課税の見返りとして，非課税財産を取得するための債務は，債務控除の対象から除かれるからです。ローンで購入した場合には財産の価格に変化はありませんが，現金で購入すれば，課税対象の現金を非課税のお墓に転じることができます。

4　生命保険金等の非課税

参　照　相法３，12，15

Point

■「500万円×法定相続人」で計算した金額は，非課税

1　相続財産とみなされる生命保険金等

相続税法には，被相続人固有の財産ではないものの，被相続人が亡くなったことに起因して相続人のものになった財産を相続財産とみなして課税する取扱いがあります。

被相続人の死亡によって取得した生命保険金や損害保険金で，その保険料を被相続人が負担していたものは，相続により取得したものとみなされ，相続税が課税されます。「みなされる」ということは，被相続人の財産ではないけれど，相続税の計算に入れるということです。

保険金は，受取人に対して保険会社から直接支払われる受取人固有の財産ですが，財産課税の公平の観点から，相続税の対象とされています。

2　生命保険金等の非課税

相続人が受け取った生命保険金等は，次の限度額まで非課税となります。

非課税限度額 ＝ 500万円 × 法定相続人の数

非課税限度額は，各相続人に，取得した保険金の額の割合で配分します。

その相続人の非課税限度額 ＝ 非課税限度額 × $\frac{\text{その相続人が受け取った生命保険金の金額}}{\text{すべての相続人が受け取った生命保険金の合計額}}$

この計算は，相続税の申告書第９表「生命保険金などの明細書」を使用して行います。

5 相続放棄と生命保険金

参照　相法12，15

1 生命保険金の受取り

相続の放棄は，被相続人からの財産の承継を放棄するものですから，被相続人の財産は何も受け取ることはできません。しかし，保険金は受け取ることができます。

生命保険は，課税上，相続財産とみなされますが，本来の相続財産ではないので，保険契約の受取人は，生命保険金を受け取ることができるのです。

2 放棄者に非課税の適用はない

相続人が妻と子２人である場合の非課税限度額は，500万円×３人＝1500万円になります。相続を放棄した人がいても，この計算は変わりません。法定相続人の数は，相続の放棄がなかったものとして数えるからです。ただし，相続を放棄した人は，この非課税枠を使うことができません。放棄した人を法定相続人と数えた分の非課税枠は，他の相続人が受け取った生命保険金に適用されます。事例を見てみましょう。

被相続人が契約者（保険料を支払っていた）である保険契約につき，被相続人の死亡を原因として，次の保険金を受け取った。

法定相続人	生命保険金の受取額
A（配偶者）	2000万円
B（子）	1000万円
C（子，相続を放棄）	500万円

（Cは相続を放棄していますが，法定相続人の数はCを含め，３人になります。）

① 非課税限度額の計算

500万円×法定相続人の数３人＝1500万円

② 各人の非課税金額の計算

$$A：1500万円\times\frac{2000万円}{(2000万円+1000万円)}=1000万円$$

$$B：1500万円\times\frac{1000万円}{(2000万円+1000万円)}=500万円$$

C：相続を放棄しているので，非課税の適用がありません。

6　生命保険金の課税関係

参　照　所法34，相法３，５，相基通３－34～３－39，評基通214

Point

■保険料負担者，受取人，保険金支払事由により課税関係が異なる

1　保険金を受け取る場合

保険金を受け取った場合，保険料の負担者，保険金の受取人，保険金の支払事由により，次のような課税関係となります。

被保険者	保険料負担者	保険金受取人	保険金支払事由	課税関係
夫A	夫A	妻B	夫A死亡	妻Bに相続税
			満期	妻Bに贈与税
夫A	子C	妻B	夫A死亡	妻Bに贈与税
			満期	妻Bに贈与税
夫A	夫A $\frac{1}{2}$ 子C $\frac{1}{2}$	妻B	夫A死亡	$\frac{1}{2}$ は妻Bに相続税 $\frac{1}{2}$ は妻Bに贈与税
			満期	妻Bに贈与税
夫A	妻B	妻B	夫A死亡	妻Bに所得税（一時所得）
			満期	妻Bに所得税（一時所得）

※　入院給付金や介護給付金は，課税されません。

2　支払調書の提出

保険契約について，解約返戻金の支払いがあった場合や，一回の支払金額が100万円を超える生命保険金等の支払いがあった場合には，保険会社は，受取人別に「生命保険契約等の一時金の支払調書」「生命保険金・共済金受取人別支払調書」を税務署に提出します。

7 生命保険契約に関する権利

参照　相法３，評基通214

Point

■被相続人が保険料を負担した保険契約は相続財産となる

■契約者に変更があった場合は，支払調書の提出がある

1 支払事由が発生していない保険契約

相続開始の時までに支払事由が発生していない生命保険契約で，被相続人が保険料を負担していたものは，その「生命保険契約に関する権利」が相続税の対象になります。具体的には，次のような契約が該当します。

① 被相続人以外の人が被保険者で，被相続人が契約者であるもの

② 被相続人以外の人が被保険者で，被相続人から被相続人以外の者に契約者が変更されたもの

③ 被相続人以外の人が被保険者で，被相続人が契約者ではないが，保険料を負担していたもの

このような保険契約については，申告漏れが散見されるため，注意が必要です。

たとえば，契約者の収入に照らして自ら保険料を負担することができないような保険料の高い契約を締結している場合には，税務調査において，被相続人が保険料を負担していたのではないかと指摘されることになるでしょう。

なお，保険契約について，契約者の変更があった場合（上記②）には，保険会社は，「保険契約者等の異動に関する調書」を税務署に提出します。

2 生命保険契約に関する権利の評価

生命保険契約に関する権利の価額は，相続開始の時においてその契約を解約するとした場合に支払われることとなる解約返戻金の額によって評価します。

解約返戻金の額は，契約先である生命保険会社に照会して確認します。

いわゆる掛捨保険で解約返戻金のないものは，課税されません。

8 退職手当金等の非課税

参照　相法3，12，相基通3－18，3－20，3－30，3－31

Point

■死亡後3年以内に確定した退職手当金等は相続税の対象

■「500万円×法定相続人」で計算した金額及び弔慰金は，非課税

1 相続財産とみなされる退職手当金等

被相続人の死亡によって遺族が受け取る退職手当金等で，被相続人の死亡後3年以内に支給が確定したものは，相続財産とみなされて相続税の課税対象となります。

3年を過ぎて支給が確定したものは，相続税の課税対象ではありません。受け取った遺族に，所得税及び住民税が課税されます。

2 死亡退職手当金の非課税

相続人が受け取った退職手当金等は，次の限度額まで非課税となります。

非課税限度額 ＝ 500万円×法定相続人の数

非課税限度額は，各相続人に，取得した退職手当金等の額の割合で配分します。この計算は，相続税の申告書第10表「退職手当金などの明細書」を使用して行います。

3 弔慰金の非課税

会社の役員や従業員が死亡した場合，会社はその遺族に対し，弔慰金や献花料といったものを贈るのが慣例となっています。弔慰金等が常識的な金額の範囲である場合には，相続税はもちろん所得税も課税されずまったくの無税となります。

常識的な金額とは，おおむね，次の範囲と考えられています。

非課税となる弔慰金の範囲
・　業務上の死亡の場合　…　死亡時の普通給与の3年分
・　その他の死亡の場合　…　死亡時の普通給与の6ヶ月分

9 年金受給権

参　照　所法９，相法３，24，相令１の３，所基通９－２，９－17，34－２，相基通３－46，３－47

Point

- 遺族年金は課税されない
- 退職年金は退職手当金等として相続税の課税対象
- 個人年金は，原則として，解約返戻金相当額が相続税の課税対象

年金には，国民年金や企業年金，個人年金保険契約に基づく年金など様々な種類があります。被相続人の死亡により取得する年金受給権については，年金の種類によって課税関係が異なります。

1　遺族年金

厚生年金や国民年金などを受給していた人が死亡し，遺族に対して支給される遺族年金は，所得税も相続税も課税されません。

ただし，死亡したときに支給されていなかった年金を遺族が請求し支給を受けた場合は，相続税は課税されませんが，その遺族に一時所得として所得税が課税されます。

2　退職年金

会社員が在職中に死亡し，死亡退職となった場合，会社の規約等に基づき，会社が運営を委託している機関から遺族に退職金として年金が支払われることがあります。これは，死亡した人の退職手当金等として相続税の対象となります。

3　個人年金保険契約の受給権

保険会社と締結する個人年金保険契約の中には，その年金支払保証期間内に受取人が死亡すると，遺族が残りの期間について年金を受け取ることとなっているものがあります。遺族が取得した年金受給権は，相続又は遺贈により取得したものとみなされて相続税の課税対象となります。

年金受給権については，原則として，解約返戻金相当額が課税価格になります。

10 土地の評価方法

参照　相法22，評基通７，７－２，11，13，14，21，21－２，25，26

Point

■宅地は，路線価方式又は倍率方式で評価する

■宅地は，原則として利用の単位となっている１区画ごとに評価する

1 土地の評価方法

相続税又は贈与税を計算する場合，土地は，路線価方式又は倍率方式によって評価します。

(1) 路線価方式

路線価方式が適用される地域に所在する土地の価格は，道路（路線）に面する土地１㎡当たりの価額（路線価）に地積を乗じて計算します。

路線価は，その年１月１日時点の公示価格の70～80％を目途に決定され，「路線価図・評価倍率表」が，毎年７月頃に国税庁ホームページに掲載されます。

(2) 倍率方式

国税庁のホームページに掲載された「路線価図・評価倍率表」に倍率が示されている地域の土地は，固定資産税評価額に地域ごとに定められた倍率を乗じて計算する「倍率方式」で評価します。

(3) 利用状況に応じた評価

路線価方式又は倍率方式により評価した宅地の評価額は，土地に他者の権利が設定されていない「自用地」としての価額です。

借地権が設定された「貸宅地」や，貸家を建てて賃貸している「貸家建付地」等は，他者の権利に相当する部分を除いた評価となるよう「自用地」の価額よりも減額されることになります。

2 宅地の評価単位

宅地の価額は，利用の単位となっている１画地の宅地ごとに評価します。

11 路線価方式の土地の評価

参　照　評基通13，14，14－2，15～18，20～20－5

Point

■路線価に補正率を加味して評価

1 土地の面積

登記事項証明書（登記簿謄本）により，評価土地の面積を把握します。ただし，登記された面積と実際の面積が違う場合には，実際の面積によります。

2 1つの道路に面している土地の評価

1つの道路に面している土地の評価額は，次の計算によって算出します。

路線価×奥行価格補正率　×　地積　＝　評価額

奥行価格補正率は，土地の所在する地区区分ごとに奥行距離に応じて定められています（巻末資料の「奥行価格補正率表」を参照)。

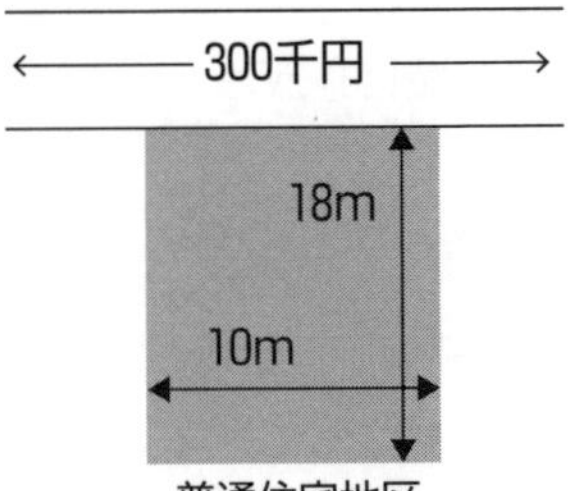

普通住宅地区

上図の宅地は，普通住宅地区に所在し，1㎡当たりの路線価は300千円です。奥行距離18mの奥行価格補正率は1.00で，評価額は5400万円となります。

300,000円×1.0　×　180㎡　＝　5400万円

奥行価格補正率は，その土地の利便性や利用価値を考慮して定められており，評価

額に反映されます。

3　角地の評価

いわゆる角地は，一方だけが道路に面している宅地より利用価値が高いため，評価額も高くなります。

正面路線価 × 奥行価格補正率 ＋ 側方路線価 × 奥行価格補正率 × 側方路線影響加算率 × 地積 ＝ 評価額

「路線価×奥行価格補正率」の大きい方の路線が正面路線となります。

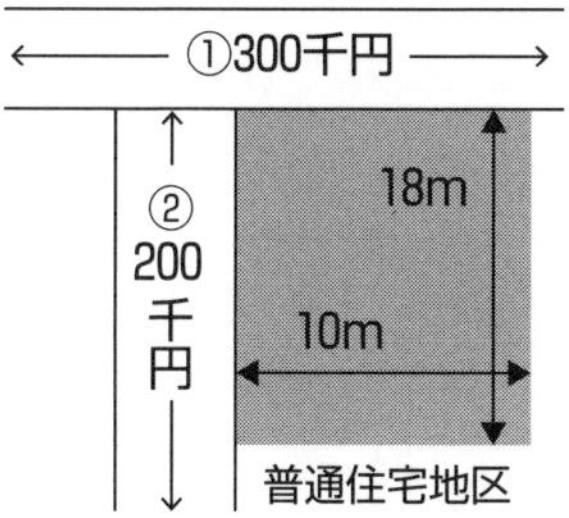

この土地は，①300千円×1.00＝300千円と②200千円×1.00＝200千円で，①の方が高いので，①が正面路線となります。

また，普通住宅地区の「側方路線影響加算率」は0.03（巻末資料の「側方路線影響加算率表」を参照）であり，評価額は，5508万円になります。

300,000円 ×1.0＋200,000円 ×1.0 × 0.03 × 180㎡ ＝ 5508万円

4　正面と裏面が道路に面している土地の評価

正面と裏面に道路がある場合も，一方だけが道路に面している宅地に比べ利用価値が高くなります。したがって，正面路線価に裏面の路線価の影響を考慮して計算します。

正面路線価 × 奥行価格補正率 ＋ 裏面路線価 × 奥行価格補正率 × 二方路線影響加算率 × 地積 ＝ 評価額

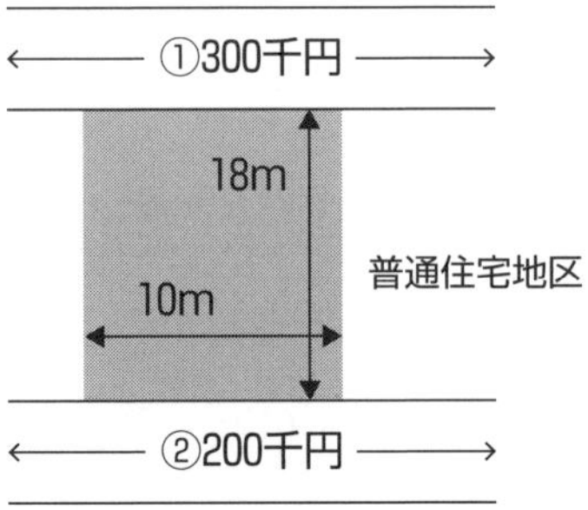

この土地は，①300千円×1.00＝300千円と②200千円×1.00＝200千円で，①の方が高いので，①が正面路線となります。

また，普通住宅地区の「二方路線影響加算率」は0.02（巻末資料の「二方路線影響加算率表」を参照）であり，評価額は，5472万円になります。

300,000円 ×1.0 ＋200,000円 ×1.0 × 0.02 × 180㎡ ＝ 5472万円

5 その他の補正

実際の宅地は，道路に面していない，間口が極端に狭い，奥行きが極端に長い，がけ地部分がある，歪な形状になっている，その地域の標準的な宅地に比べて著しく地積が広大な宅地（広大地）であるなど，さまざまです。したがって，上記以外にも各種の補正を行って評価するものとされています。

12 小規模宅地等の特例

参照　措法69の４，措令40の２，措規23の２，

Point

■事業用宅地は400㎡まで，居住用宅地は330㎡まで，80%の評価減額

■貸付事業用は200㎡まで，50%の評価減額

1 制度の概要

被相続人等の事業用又は居住用として使用されていた宅地等のうち，限度面積までの部分について，課税価格の計算上，一定の割合を減額する「小規模宅地等についての相続税の課税価格の計算の特例（小規模宅地等の特例）」があります。

相続開始前３年以内の贈与又は相続時精算課税の適用を受けた贈与により取得した宅地等や棚卸資産である宅地，相続開始前３年以内に貸付事業用に使われ始めた宅地等は対象外です。取得する人についても被相続人の親族である等，所定の要件があります。

2 特例を受けるための手続き

相続税の申告書に，この特例を受けようとする旨を記載し，小規模宅地等に係る計算の明細書や遺産分割協議書の写しなど一定の書類を添付する必要があります。

3 限度面積と減額割合

相続開始の直前における宅地等の利用区分		限度面積	減額割合	要件等
被相続人等の事業用	貸付事業以外の事業用	400㎡	80%	特定事業用宅地等に該当する宅地等
	貸付事業用	400㎡	80%	特定同族会社事業用宅地等に該当する宅地等
		200㎡	50%	上記以外の貸付事業用宅地等に該当する宅地等
被相続人等の居住用		330㎡	80%	特定居住用宅地等に該当する宅地等

※ 「貸付事業」とは，「不動産貸付業」，「駐車場業」，「自転車駐車場業」及び事業と称するに至らない不動産の貸付け等で相当の対価を得て継続的に行う「準事業」をいいます。

13 借地権の評価（土地を借りている場合）

参　照　借地借家法２一，３，22～25，相法23，評基通９，27，27－２

Point

■借地権の価額は，自用地価額に借地権割合を乗じて評価する

1　借　地　権

「借地権」とは，建物の所有を目的とする地上権又は土地の賃借権をいいます。

被相続人が他人の土地を借りて建物を建てている場合は，その借りた土地についての借地権が相続税の課税対象になります。

2　借地権の評価

借地権の価額は，自用地価額に借地権割合を乗じて求めます。

「自用地」とは，他人に貸し付けていない土地であり，「自用地価額」とは，路線価方式又は倍率方式で評価したその土地の価額をいいます。

借地権の価額 ＝ 自用地価額×借地権割合

「借地権割合」は，国税庁ホームページに掲載されている「路線価図・評価倍率表」に表示されています。

3　定期借地権等の評価

「定期借地権等」とは，借地借家法22条から25条に基づく期間が定められた借地権をいいます。契約期間で終了し，一部を除いて更新はありません。

定期借地権等の価額は，原則として，課税時期において借地人に帰属する経済的利益及びその存続期間を基として評定した価額によって評価します。

定期借地権の価額は，「定期借地権等の評価明細書」を使用して評価します。

14　貸宅地の評価（土地を貸している場合）

参　照　相法23，相基通23－１，評基通９，25，27，27－２

Point

■自用地価額から借地権の額を控除して評価する

1　貸　宅　地

「貸宅地」とは，借地権など他者の権利が設定された宅地をいいます。

2　貸宅地の評価

借地権が設定された宅地は，自用地価額からその借地権の額を控除して評価します。

貸宅地の評価額 ＝ 自用地価額 － 自用地価額×借地権割合

借地権の取引慣行がない地域の宅地は，借地権割合を20％とします。

土地を借りている人は
借地権

土地を貸している人は
貸宅地

15 家屋の評価

参　照　評基通88，89，91，92

Point

■家屋の評価額は固定資産税評価額

1 家屋の評価

家屋は，１棟ごとに，固定資産税評価額を1.0倍して評価します。

したがって，固定資産税評価額がその家屋の評価額となります。

2 建築中の家屋の評価

相続開始の時において建築中の家屋の価額は，その家屋の費用現価の70％で評価します。

3 建物附属設備

家屋の所有者が有する電気設備，ガス設備，衛生設備，給排水設備，温湿度調整設備，消火設備，避雷針設備，昇降設備，塵芥処理設備等でその家屋に取り付けられ構造上一体となっているものは，その家屋の価額に含めて評価します。したがって，固定資産税評価額と別に評価する必要はありません。

4 門，塀等の設備

門，塀，外井戸，屋外に設置した塵芥処理設備等は，再建築価額から減価累計額（定率法を適用）を控除した金額の70％で評価します。

5 庭 園 設 備

庭園設備（庭木，庭石，あずまや，庭池等）は，その庭園設備の調達価額（その財産の現況により取得する場合の価額）の70％で評価します。

16 貸家と貸家建付地の評価

参　照　評基通26，89，93，94，使用貸借に係る土地についての相続税及び贈与税の取扱いについて通達１，３

Point

■貸家及び貸家建付地は，借家人の権利を控除して評価する

1 貸　　家

相続開始時において賃貸している家屋は，その家屋の固定資産税評価額に借家権割合と賃貸割合を乗じた価額を，その家屋の固定資産税評価額から控除して評価します。

貸家の評価額 ＝ 固定資産税評価額 － 固定資産税評価額 × 借家権割合 × 賃貸割合

「借家権割合」及び次の「借地権割合」は，国税庁のホームページに掲載されている「路線価図・評価倍率表」に表示されています。

「賃貸割合」は，次の算式で計算した割合です。

$$賃貸割合 = \frac{相続開始の時に賃貸されている各独立部分の床面積}{家屋の各独立部分の床面積の合計}$$

「各独立部分」とは，家屋の構成部分である隔壁，扉，階層（天井及び床）等によって他の部分と完全に遮断されている部分で，独立した出入口を有するなど独立して賃貸その他の用に供することができるものをいいます。

2 貸家建付地の評価

「貸家建付地」とは，土地上に建築した家屋を他に貸し付けている場合の，その敷地のことをいいます。

貸家建付地の価額は，次の算式により評価します。

貸家建付地の評価額 ＝ 自用地価額 － 自用地価額 × 借地権割合 × 借家権割合 × 賃貸割合

貸家建付地の価額は，「土地及び土地の上に存する権利の評価明細書」を使用して評価します。

3　アパートの空室

継続的に賃貸されていたアパート等の各独立部分で，たとえば，次のような事実関係から，一時的に空室となっていたに過ぎないと認められるものは，賃貸されていたものとして評価します。

①　各独立部分が相続開始前に継続的に賃貸されてきたものであること

②　賃借人の退去後速やかに新たな賃借人の募集が行われ，空室の期間中，他の用途に供されていないこと

③　空室の期間が，相続開始の前後のたとえば１ヶ月程度であるなど，一時的な期間であること

④　相続開始後の賃貸が一時的なものではないこと

4　使用貸借である場合

家族間では，賃料を授受しないで貸し付けている場合（使用貸借）も多いと考えられます。土地又は借地権の使用貸借に係る使用権は，原則として，零として評価します。

たとえば，被相続人（親）が所有する土地を相続人（子）使用貸借で借り受け，子がアパートを建てて他に賃貸している場合等には，相続財産となる土地の評価は，自用地価額となります。

17　配偶者居住権の評価

参　照　相法23の２，相令５の８，措令40の２⑥，相規12の２～12の４，相基通９－13の２，23の２－３～23の２－５，措置法通達69の４－１の２

Point

■配偶者居住権の評価額は，相続税評価額から建物及び土地の所有権の評価額を差し引いて計算

1　配偶者短期居住権の評価

相続開始と同時に発生する配偶者短期居住権の評価は，ゼロです。

2　配偶者居住権の評価

遺言又は分割協議によって発生した配偶者居住権の評価額は，相続税評価額から，その建物の所有権及び土地の所有権の評価額を差し引いた額です。

3　配偶者居住権が設定された建物の評価

配偶者居住権が設定された建物の所有権の評価額は，次の算式によって計算します。

$$\text{建物の相続税評価額} \times \frac{\text{①残存耐用年数} - \text{②配偶者居住権の存続年数}}{\text{①残存耐用年数}} \times \text{③存続年数②に応じた民法の法定利率による複利現価率}$$

①の残存耐用年数とは，建物の法定耐用年数の1.5倍から築年数を引いたものです。

建物の構造	建物の法定耐用年数×1.5倍
木造又は合成樹脂造	33年
木造モルタル造	30年
（鉄骨）鉄筋コンクリート造	71年
レンガ造，石造，ブロック造	57年
骨格材３mm以下の金属造	29年
骨格材３mm超４mm以下の金属造	41年
骨格材４mm超の金属造	51年

②配偶者居住権の存続年数は，配偶者居住権の設定期間であり，自由に決めることができます。設定期間を終身とした場合は，年齢と性別に応じた平均余命年数となります（詳細は巻末資料参照）。

《平均余命年数》（抄）

年　齢	60歳	65歳	70歳	75歳	80歳	85歳	90歳	95歳	100歳
男　性	24年	19年	16年	12年	9年	6年	4年	3年	2年
女　性	30年	24年	20年	16年	12年	8年	6年	4年	3年

③存続年数に応じた民法の法定利率による複利現価率は，３年に１度見直されます。令和２年４月１日以後の法定利率３％で計算した率は，次のとおりです（詳細は巻末資料参照）。

《複利現価率》（抄）

年　数	30年	24年	20年	16年	12年	9年	8年	6年	3年
複利現価率	0.412	0.492	0.554	0.623	0.701	0.766	0.789	0.837	0.915

※　築年数が法定耐用年数の1.5倍を経過している建物については，所有権の評価額は０円になります。

※　また，残存耐用年数よりも配偶者居住権の存続年数（設定年数）の方が長い場合も，所有権の評価額は０円になります。

4　配偶者居住権が設定された建物の敷地の評価

配偶者居住権が設定された建物の敷地の所有権の評価額は，次の算式によって計算します。

土地の相続税評価額×存続年数②に応じた民法の法定利率による複利現価率

5　小規模宅地等の特例との関係

建物の敷地に係る配偶者居住権及び敷地所有権は，小規模宅地等の特例の対象となります。

6　具　体　例

配偶者居住権を設定した場合の建物と土地の評価額及び配偶者居住権の評価額を具体的に計算してみましょう。

配偶者（妻）の年齢	：75歳
配偶者居住権の期間	：終身
建物（木造）の相続税評価額	：1000万円
築　年　数	：10年
土地の相続税評価額	：4000万円

(1)　配偶者居住権を設定した建物の所有権の評価額は，1,896,086円となります。

$$\begin{array}{c}\text{相続税}\\\text{評価額}\\\text{1000万円}\end{array} \times \frac{\overset{①}{\text{23年}} - \overset{②}{\text{平均余命年数16年}}}{\overset{①}{\text{木造の残存耐用年数}}\ \text{33年}-\text{10年}=\text{23年}} \times \overset{③}{\begin{array}{c}\text{②の複利現}\\\text{価率0.623}\end{array}} = \text{1,898,086円}$$

※　①②③の数値は，前頁を参照してください。

(2)　配偶者居住権を設定した土地の所有権の評価額は，4000万円×0.623＝2492万円です。

(3)　配偶者居住権の評価額は，次のとおりです。

①　建物：1000万円－1,896,086円＝8,103,914円

②　土地：4000万－2492万＝1508万円

③　①＋②＝23,183,914円

18 配偶者居住権のその後の課税関係

参照 民法896，1032，1034①，所法60②③，相続税法基本通達９－13の２

Point

■配偶者居住権は，期間満了又は配偶者が死亡によって無税で消滅する

■期間満了前に無償で消滅させた場合は，贈与税の対象となる

1 固定資産税

固定資産税は，原則として，不動産の所有者に課税されます。

ただし，配偶者は，建物の「通常の必要費」を負担することとされており，建物の所有者は，配偶者に対して固定資産税相当額を請求することができます。

2 配偶者居住権を賃貸した場合

配偶者は，所有者の承諾を得て，居住建物を賃貸することができます。その賃料は，不動産所得として課税されます。

3 期間満了又は配偶者が死亡した場合

配偶者居住権は，その期間が満了した場合又は配偶者が死亡した場合には消滅します。死亡の場合は，定めた存続期間満了前であっても相続財産にはなりません。したがって，所有者に相続税は課税されず，２次相続まで含めた相続税の負担が少なくなる可能性が高いといえます。

4 期間満了前に消滅させた場合

配偶者居住権は，次により消滅させることができます。

①　配偶者と所有者との間の合意　　②　配偶者による配偶者居住権の放棄

所有者が，配偶者に対して，その消滅時点の評価額相当額を支払った場合には，配偶者には，譲渡所得が課税されます。

無償である場合には，所有者に贈与税が課税されます。

19 上場株式の評価

参　照　評基通168～172

Point

■前々月の月初からその月の月末までの３ヶ月間の終値を調べる

「上場株式」とは，金融商品取引所に上場されている株式をいいます。

上場株式は，その株式が上場されている金融商品取引所が公表する価格を基に，次の４つのうち最も低い額により評価します。

① 相続開始の日の最終価格
② 相続開始の日の月の毎日の最終価格の平均額
③ 相続開始の日の月の前月の毎日の最終価格の平均額
④ 相続開始の日の月の前々月の毎日の最終価格の平均額

なお，相続開始の日に最終価格がない場合やその株式に権利落などがある場合には，一定の修正をすることになっています。

上場株式の価額は，「上場株式の評価明細書」を使用して評価します。

20 ゴルフ会員権の評価

参　照　評基通4－4，211

Point

■評価額は取引相場の70%

1 取引相場のある会員権

取引所の相場のあるゴルフ会員権は，相続開始の時の取引価格の70%に相当する金額によって評価します。

なお，取引価格に含まれない預託金等があるときは，次に掲げる金額を加算します。

① ゴルフクラブの規約などにより相続開始の時において返還を受けることができる金額

② ゴルフクラブの規約などに基づいて返還を受けることができる金額の相続開始の時から返還を受けることができる日までの期間（1年未満の端数は1年とします）に応ずる基準年利率による複利現価の額

2 取引相場のない会員権

そのゴルフ会員権の形態により，株式又は預託金等の評価を行います。

3 評価しない会員権

株式の所有を必要とせず，譲渡できない会員権で，返還を受けることができる預託金等がないゴルフ会員権の評価は，ゼロです。

21 贈与財産の加算（暦年課税）

参　照　相法19，21の２～６，相令４，措法70の２，70の２の２～４，相基通19－1，19－２

Point

■相続又は遺贈により財産を取得した人は，相続開始前３年以内の贈与財産を加算

1 制度の概要

相続税は，被相続人の死亡の時に存在する被相続人の財産に課税されることから，被相続人が生前贈与を行って財産を減少させるとそれだけ安くなります。そのため，被相続人の死期が近づいた場合に生前贈与による節税を行うといった行為を防止するために，生前贈与加算の制度が設けられています。

相続又は遺贈により財産を取得した人が，被相続人からその相続開始前３年以内に贈与を受けた財産があるときは，その人の相続税の課税価格に贈与を受けた財産の価額を加算します。

加算された贈与財産について納付した贈与税があるときは，その贈与税の額は，加算された人の相続税の計算上控除します。これにより，相続開始前３年以内の贈与がなかった場合と同じ税負担に調整されることになります（「第７章 2 暦年課税」を参照）。ただし，控除しきれない贈与税の額があっても還付はされません。

なお，相続時精算課税の適用を受けている人の贈与財産の価額の加算と税額控除については，「第７章 4 相続時精算課税」を参照してください。

2 加算する人

贈与財産の加算の適用を受けるのは，相続又は遺贈により財産を取得した人です。３年以内に贈与を受けていても，相続財産を取得していなければ適用はありません。

また，結婚・子育て資金の贈与の非課税，又は教育資金の一括贈与の非課税による管理残額のみを相続した人は，適用がありません。

3　加算する財産

加算するのは，被相続人からその相続開始前３年以内に贈与を受けた財産です。

３年以内であれば，贈与税がかかっていたかどうかに関係なく，基礎控除額110万円以下の贈与財産も加算します。

その相続開始前３年以内とは，死亡の日からさかのぼって３年前の日から死亡の日までの間です。たとえば，令和３年10月10日に被相続人が死亡した場合は，平成30年10月10日から令和３年10月10日までの贈与ということになります。

4　加算する金額

加算する金額は，贈与を受けた財産の贈与の時の価額です。

たとえば，時価1000万円の土地の贈与を受け，相続開始の時にその土地の時価が500万円に下落していても，1000万円が加算されます。

5　加算しない金額

次の金額は，加算しません。

加算しない金額
①　贈与税の配偶者控除の特例を受けた（受けようとする）金額
②　住宅取得等資金の贈与の非課税の適用を受けた金額
③　教育資金の贈与の非課税の適用を受けた金額
④　結婚・子育て資金の贈与の非課税の適用を受けた金額

第5章

債務控除

5分間レクチャー！ この章のポイント

1 債務控除

相続税の計算においては，相続人が承継した借入金などの債務や負担した葬式費用の額は，その相続人の遺産総額から差し引きます。これを「債務控除」といいます。

2 債務控除することができる人

債務控除することができる人は，その債務や葬式費用を負担することになる相続人又は包括受遺者です。

ただし，日本国内に住所がない人は，控除できる債務の範囲が限られ，葬式費用も控除することはできません。

3 遺産総額から控除する債務

控除する債務は，被相続人が死亡したときに存在していた債務で確実と認められるものです。

また，被相続人が生前に購入したお墓の未払代金など，非課税財産に関する債務は控除することはできません。

4 葬式費用の控除

仮葬式や本葬式の費用，お通夜の費用（通夜振舞いの費用を含む），葬式に当たりお寺などに対して読経料などのお礼をした費用を控除します。

香典返しのための費用，墓石や墓地の買入れのための費用や墓地の借地料，初七日や四十九日などの法事のための費用は控除することができません。

1　債 務 控 除

参　照　相法１の３，13，14，相令３，相基通13－３

Point

■相続人は，引き継いだ債務及び支払った葬式費用を控除する

1　債 務 控 除

相続税の計算においては，相続人が承継した借入金などの債務や負担した葬式費用は，その相続人の遺産総額から差し引きます。これを「債務控除」といいます。

2　債務控除を行うことができる人

債務控除を行うことができる人は，その債務や葬式費用を負担することになる相続人，包括受遺者及び相続時精算課税の適用を受ける贈与により財産を取得した人です。

ただし，相続人や包括受遺者であっても，相続又は遺贈により財産を取得したときに日本国内に住所がない人や一定の外国人は，遺産総額から控除できる債務の範囲が限られ，葬式費用も控除することはできません。

※　相続又は遺贈により財産を取得した時に日本国内に住所がなくても，日本国籍で，相続開始前10年以内に日本国内に住所を有していたことがある人は，債務控除を行うことができます。

※「国外転出時課税の納税猶予の特例」の適用を受けていたときは，取扱いが異なる場合があります。

3　控除は相続人ごと

債務控除は相続人ごとに行います。その相続人の遺産総額から控除してなお余る債務等の額があっても，他の相続人において控除することはできません。

2 債務（借金等）の控除

参照　相法13，14，相基通13－6

Point

■控除するのは，確実な債務に限る

■非課税財産を購入するための債務は控除なし

1 遺産総額から控除する債務

控除する債務は，被相続人が死亡したときに存在していた債務で確実と認められるものです。

控除対象となる債務の例
①銀行等からの借入金，未払利息，②不動産購入のローン残高，③クレジットカードの未払金，④電気代やガス代などの未払金，⑤入院費等の医療費の未払金，⑥事業上の買掛金や給与未払金，⑦未払いの税金

2 非課税財産に関する債務

被相続人が生前に購入したお墓の未払代金など，非課税財産に関する債務は，遺産総額から控除することはできません。

3 保証債務

被相続人が保証人になっていた場合，その保証債務は，相続人が法定相続分に応じて相続することになります（包括受遺者は，その包括遺贈の割合）。

しかし，保証債務は，原則として債務控除の対象となりません。現実に主たる債務者に代わってその債務の弁済を行うとは限りませんし，保証債務を履行した場合でも，主たる債務者に弁済した額の請求を行うことができるので，確実な債務とはいえないからです。ただし，相続開始時において，主たる債務者が弁済不能の状態にあるため，保証人がその債務を履行しなければならない場合で，主たる債務者から弁済を受ける見込みのないときは，債務控除の対象となります。

3 未納の税金

参照　相法13，14，相基通13－7，13－8

Point

■被相続人の税金は，債務控除の対象

1 被相続人に課される税金

被相続人に課される税金で被相続人の死亡後に相続人等が納付又は徴収されることになったものは，債務として控除します。ただし，相続人の責任に基づいて納付・徴収されることとなった延滞税や加算税などは控除できません。

2 固定資産税

固定資産税は，その年1月1日の所有者に課税される税ですが，1月1日現在の所有者の確認作業のため，税額は4月に通知されます。この通知の前に相続が開始した場合であっても，1月1日時点で確実な債務なので，債務控除の対象となります。

3 所　得　税

死亡した人の所得税申告（準確定申告）の期限は，相続の開始があった日の翌日から4ヶ月以内です。たとえば，6月10日に亡くなると，準確定申告の期限は，10月10日になります。準確定申告による納付税額は，債務控除の対象です。

準確定申告が還付申告となった場合の還付金は，相続税の課税の対象となります。ただし，還付加算金は，相続人が準確定申告書の提出によって取得するものであり，相続財産ではないため，相続税の課税はなく，相続人の所得税の課税対象となります。

4 住　民　税

住民税は，前年の所得金額を基準として計算します。その年の1月1日（賦課期日）現在の状況によって課税されるため，亡くなった年の翌年の住民税はありません。

亡くなった年の住民税で未払の金額は，債務控除の対象です。

4　住宅ローンと団体信用保険

Point

■団信の死亡保険金には，相続税が課税されない

■団信をつけた住宅ローンは債務控除できない

1　団体信用生命保険

団体信用生命保険（通称「団信」）は，住宅ローンがある人のための保険で，ローンの返済期間中に死亡したり高度障害となったりした場合に，生命保険会社から住宅ローンの残額が弁済されるものです。

つまり，団信に加入していれば，被相続人の死亡と同時に住宅ローンがなくなり，遺族には負担が残りません。

団信は，住宅ローン利用者の95％以上が加入していると言われています。

2　団信保険金の課税関係

団信は，契約者及び受取人が金融機関となるので，その死亡保険金に相続税が課税されることはありません。また，団信の保険金により補填されることが確実である住宅ローンの残債は，相続人が支払うべきものではないので，債務控除の適用はありません。

5　葬式費用の控除

参照　相法13，相基通13－４～５

Point

■通夜，葬儀の費用は控除する

■初七日，四十九日の費用は控除できない

1　葬式費用となるもの

遺産総額から控除する葬式費用は，次のようなものです。

① 葬式や葬送に際し，又はこれらの前において，火葬や埋葬，納骨をするための費用（仮葬式と本葬式を行ったときにはその両方の費用が認められます）

② 遺体や遺骨の回送の費用

③ お通夜の費用（通夜振舞いの費用を含む）等，葬式の前後に生じた費用で通常葬式に欠かせない費用

④ 葬式に当たりお寺などに対して読経料などのお礼をした費用

⑤ 死体の捜索又は死体や遺骨の運搬の費用

2　葬式費用に含まれないもの

次のような費用は，控除することができる葬式費用に該当しません。

① 香典返しのための費用

② 墓石や墓地の買入れのための費用や墓地の借地料

③ 初七日や四十九日などの法事のための費用

④ 死体解剖に要した費用

第６章

２割加算と税額控除

5分間レクチャー！ この章のポイント

1　相続税額の２割加算

被相続人の配偶者，子，親以外の相続税額は，２割増しになります。

2　贈与税額控除（暦年課税）

相続開始前３年以内の贈与財産の価額は相続税の課税価格に加算し，加算した財産に係る贈与税額は納付する相続税額から控除します。

3　配偶者の税額軽減

被相続人の妻又は夫は，最低でも１億6000万円までは課税されません。

4　未成年者控除

未成年者は，「10万円×20歳に達するまでの年数」を相続税額から控除します。

5　障害者控除

障害者は，「10万円(特別障害者は20万円)×85歳に達するまでの年数」を相続税額から控除します。

6　相次相続控除

前回の相続（第一次相続）から10年以内に相続が開始したときは，第一次相続の税額のうち一定額を後の相続（第二次相続）の相続税額から控除します。

7　外国税額控除

外国で課税された相続税に相当する税は，相続税額から控除します。

1　相続税額の2割加算

参　照　相法18，21の15，21の16，相基通18－5

Point

■兄弟姉妹や孫などの税額は2割増し

1　制度の概要

相続又は遺贈により財産を取得した人が被相続人との血族関係が薄い人である場合には，その財産の取得には偶然性が強く，したがって，被相続人亡き後の生活を守るため相続財産に係る相続税の負担を低く抑えるといった配慮は，特に必要でないと考えられます。

また，被相続人が，子を越えて孫に財産を遺贈する場合には，相続税の課税を1回免れることになります。

このような理由から，相続税額の2割加算の制度が設けられています。

2　相続税額の加算金額の計算

2割加算額　＝　各人の各種税額控除前の相続税額×0.2

3　2割加算の対象

相続又は遺贈，相続時精算課税に係る贈与によって財産を取得した人が，被相続人の1親等の血族（代襲相続人となった孫を含みます）及び配偶者以外の人である場合には，その人の相続税額にその相続税額の2割に相当する金額が加算されます。

2割加算しない人	2割加算する人
①　被相続人の配偶者 ②　被相続人の1親等の血族（子と親） ③　代襲相続人である孫，曾孫	左記①②③以外の人 …被相続人の兄弟姉妹，甥，姪，代襲相続人でない孫や曾孫

【相続税額の2割加算の対象】

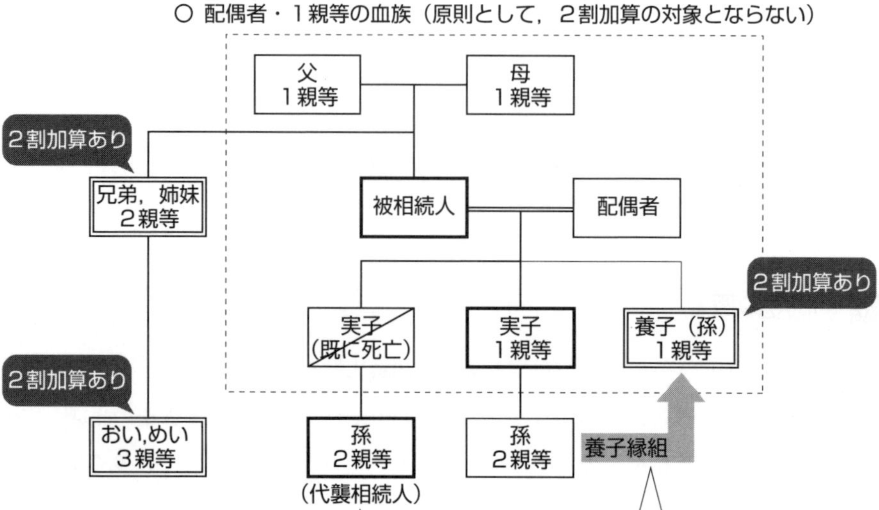

【代襲相続人の場合】

※この場合，すでに実子が死亡しており孫が「代襲相続人」のため，2割加算は必要ありません。

上記の者が，右のような「孫養子」の場合でも,「代襲相続人」に該当する場合には，2割加算は不要となります。

【孫が養子の場合，いわゆる「孫養子」】

※この場合,実子が生存しており孫が「代襲相続人」ではないため，2割加算が必要となります。

（注）1　被相続人の養子は，一親等の法定血族であることから，相続税額の2割加算の対象とはなりません。ただし，被相続人の養子となっている被相続人の孫は，被相続人の子が相続開始前に死亡したときや相続権を失ったためその孫が代襲して相続人となっているときを除き，相続税額の2割加算の対象になります。

（注）2　相続時精算課税適用者が相続開始の時において被相続人の一親等の血族に該当しない場合であっても，相続時精算課税に係る贈与によって財産を取得した時において被相続人の一親等の血族であったときは，その財産に対応する一定の相続税額については加算の対象になりません。

（出典）　国税庁HP

2　贈与税額控除（暦年課税）

参　照　相法19，21の2～6，相令4，措法70の2，70の2の2～4，相基通19－1，19－2

Point

■生前贈与加算した財産の贈与税の控除

1　制度の概要

相続又は遺贈により財産を取得した人が，被相続人からその相続開始前3年以内に贈与を受けた財産があるときは，その人の相続税の課税価格に贈与を受けた財産の価額を加算して相続税を計算するとともに，加算した財産に係る贈与税額を，納付する相続税額から控除します。

2　控除する贈与税額

控除する贈与税額は，相続税の課税価格に加算された贈与財産に係る贈与税の税額です。贈与税について発生した加算税や延滞税，利子税の額は控除することができません。

また，贈与時に，相続税額を超える贈与税額を納付していても，還付はありません。

なお，相続時精算課税の適用を受けている者の贈与財産の価額の加算と税額控除については，「第7章 4 相続時精算課税」を参照してください。

3 配偶者の税額軽減

参　照　相法19の２，32，相令４の２，相規１の６，16，相基通19の２－２，19の２－７の２

Point

■配偶者は，課税価格１億6000万円まで無税

1 制度の概要

夫婦は助け合って生活し，お互いに協力して財産を形成します。その財産は，夫や妻に先立たれた配偶者の老後の生活の糧となります。また，配偶者は同世代であることが多いため，短期間のうちに相続が２回発生し，もう一度同じ財産に相続税が課税される可能性が高いと考えられます。そこで，配偶者には，「配偶者の税額軽減」の制度があります。

「配偶者の税額軽減」は，被相続人の配偶者（戸籍上の妻又は夫）について，婚姻期間に関係なく適用されます。たとえ，１日であっても正式な婚姻関係にあれば，控除を受けることができます。

ただし，相続税の申告について，仮装又は隠ぺいされた財産には適用がありません。

2 軽減される範囲

配偶者が遺産分割や遺贈により実際に取得した正味の遺産額のうち，次の金額のどちらか多い金額までは，相続税は課税されません。

①　１億6000万円

②　配偶者の法定相続分相当額

たとえば，被相続人の正味の遺産額が１億6000万円以下であり，そのすべてを配偶者が相続した場合は，4の手続きを行うことにより，相続税はゼロになります。

また，正味の遺産額が10億円で，配偶者と子が相続人の場合は，配偶者が相続した金額のうち５億円までは相続税は課税されません。

3　軽減の対象

「配偶者の税額軽減」は，配偶者が遺産分割などで実際に取得した財産を基に計算します。原則として，相続税の申告期限までに分割されていない財産は税額軽減の対象になりません。

ただし，相続税の申告書又は更正の請求書に「申告期限後３年以内の分割見込書」を添付した上で，申告期限から３年以内に分割した財産は対象になります。

相続税の申告期限から３年を経過する日までに分割できないやむを得ない事情があり，税務署長の承認を受けた場合で，その事情がなくなった日の翌日から４ヶ月以内に分割された財産も対象になります。

4　「配偶者の税額軽減」を受けるための手続き

① 税額軽減の明細を記載した相続税の申告書又は更正の請求書に，戸籍謄本及び配偶者の取得した財産が分かる書類（遺言書や遺産分割協議書の写しなど）を添付して提出します。遺産分割協議書の写しには，印鑑証明書の添付が必要です。

② 相続税の申告後に行われた遺産分割に基づいて配偶者の税額軽減を受ける場合は，分割が成立した日の翌日から４ヶ月以内に更正の請求をしなければなりません。

5　二次相続を視野に

上述のとおり，配偶者の税額軽減を適用すると，相続税額は大幅に減額されます。したがって，遺産が１億6000万円以下である場合には，とりあえずすべて妻が取得する，といった遺産分割を考えがちです。

しかし，妻が亡くなった場合（二次相続）のことも視野に入れておかなければなりません。二次相続では，妻が取得した財産が再び課税対象となりますから，税負担は，夫婦２人の相続をトータルで検討する必要があります。

２度の相続において，有利な特例を効率よく適用し，累進課税にも注意して，遺産の分割を考えるべきでしょう。

4 未成年者控除

参照　相法1の2，1の3，19の3，平25改正法附則12，相令4の3，相基通1の2－1，19の3－1，19の3－4，19の3－5

Point

■20歳になるまで1年につき10万円を控除

1 未成年者控除の対象者

未成年者控除は，次のすべてに該当する人に適用されます。

未成年者控除の要件
① 法定相続人（その放棄がなかったものとした場合における相続人）であること
② 相続又は遺贈により財産を取得した時に20歳未満であること
③ 相続又は遺贈により財産を取得した時に日本国内に住所がある（一定の外国人を除く）こと（相続や遺贈により財産を取得した時に日本国内に住所がない場合は，日本国籍を有し，相続開始前10年以内に日本国内に住所を有していたことがある等の要件を満たすこと）

2 未成年者控除の額

未成年者控除の額は，満20歳になるまでの年数1年につき10万円です。1年未満の期間があるときは切り上げて1年とします。したがって，満20歳に達するまでの年数は，20年からその未成年者の満年齢を控除すれば計算できます。たとえば，未成年者が15歳9ヶ月の場合は，満年齢は15歳なので，20歳までの年数は5年になります。

未成年者控除額 ＝ 10万円×(20－満年齢)

※　以前にも未成年者控除を受けている場合は，控除額が制限されることがあります。

※　未成年者控除額が，その未成年者本人の相続税額より大きいため控除額の全額を引き切れない場合は，その引き切れない部分の金額をその未成年者の扶養義務者の相続税額から控除します。扶養義務者が2人以上いる場合は，扶養義務者全員の協議により，誰の相続税額から控除するかを決めます。

※　民法の成年年齢引下げに伴い，令和4年4月1日以後は，18歳未満の者が対象となります。

5 障害者控除

参照　相法1の2，1の3，19の4，相令4の4，相基通1の2－1，19の4－4

Point

■85歳になるまで1年につき10万円（特別障害者は20万円）を控除

1 障害者控除の対象者

障害者控除は，次のすべてに該当する人に適用されます。

障害者控除の要件
①　法定相続人（その放棄がなかったものとした場合における相続人）であること
②　相続又は遺贈により財産を取得した時に障害者であること
③　相続又は遺贈により財産を取得した時に日本国内に住所がある（一定の外国人を除く）こと

2 障害者控除の額

障害者控除の額は，その障害者が満85歳になるまでの年数1年につき10万円です。特別障害者の場合は1年につき20万円となります。年数の計算は，未成年者控除と同様に，1年未満の期間は切り上げて1年とします。たとえば，障害者の年齢が15歳9ヶ月の場合は，満年齢は15歳なので，85歳までの年数は70年になります。

一般障害者の控除額　＝　10万円×(85－満年齢)

特別障害者の控除額　＝　20万円×(85－満年齢)

※　その障害者がその相続以前にも障害者控除を受けている場合は，控除額が制限されることがあります。

※　障害者控除額が，その障害者本人の相続税額より大きいため控除額の全額を引き切れない場合は，その引き切れない部分の金額をその障害者の扶養義務者の相続税額から控除します。扶養義務者が2人以上いる場合は，扶養義務者全員の協議により，誰の相続税額から控除するかを決めます。

6 相次相続控除

参照　相法20，相基通20－１～20－４

Point

■10年以内に相続があれば税額控除

1 相次相続控除の対象者

相続税は，相続又は遺贈により財産を取得した場合に課税されることから，同一の財産についても相続の都度課税され，短期間に続けて相続の開始があった場合には，長期間にわたり相続の開始がなかった場合に比べ，重い税負担となります。

このため，10年以内に２回以上相続が開始し相続税が課税される場合には，前回の相続（第一次相続）の相続税額のうち一定額を，後の相続（第二次相続）の相続税額から控除する「相次相続控除」が設けられています。

相次相続控除の適用を受けることができるのは，民法に規定する相続人です。したがって，相続を放棄した人及び相続権を失った人には適用がありません。

2 相次相続控除の額

相次相続控除の額は，次の算式により計算します。

$$\text{控除額} = A \times \frac{C}{B-A} \times \frac{D}{C} \times \frac{10-E}{10}$$

※ $\frac{C}{B-A}$ の割合が１を超えるときは，１とします。

A：第二次相続の被相続人が，第一次相続で課税された相続税額
B：第二次相続の被相続人が，第一次相続で取得した財産の価額（債務控除後）
C：第二次相続の財産の価額（債務控除後）
D：第二次相続で控除対象者が取得した財産の価額（債務控除後）
E：第一次相続開始から第二次相続開始の年数（１年未満の端数は切捨て）

7　外国税額控除

参　照　相法20の２，相基通20の２－１，20の２－２

Point

■外国で課税された相続税に相当する税があれば税額控除

1　国際二重課税の廃除

相続税は，外国税額控除によって，国際二重課税の緩和を行っています。

国外に所在する相続財産について，外国の相続税に相当する税が課税される場合には，その税額を，相続税の額から控除することができます。

2　控　除　額

控除額は，次の①又は②のいずれか少ない金額です。

①　外国で課税された相続税に相当する税額

②

$$\text{各種税額控除後の相続税額} \times \frac{\text{外国の相続税が課税された財産の価額（その財産に係る債務額控除後）}}{\text{相続又は遺贈により取得した財産の価額（債務控除後）}}$$

第7章

贈与税のしくみ

贈与税のしくみ

5分間レクチャー！　この章のポイント

贈与税は，個人が，個人から，財産の贈与を受けた場合に課される税です。

暦年課税を基本としており，１年間に個人から贈与を受けた財産の価額が基礎控除額（110万円）を超える場合に課税されます。

また，平成15年度の税制改正により，相続税と贈与税を一体化する相続時精算課税制度が設けられています。

贈与者：60歳以上の親，祖父母
受贈者：20歳以上の子，孫
である場合には，相続時精算課税を選択できる（年齢は贈与の年の１月１日現在）

相続時精算課税を選択する
↓
相続時精算課税

［贈与税］
⑴　贈与財産の額から控除する金額
特別控除額2500万円
（相続開始までの累計）
⑵　税　率
特別控除額を超えた部分に対して一律20％

相続時に精算
↓
［相続税］
贈与者が死亡した場合，相続財産の価額に相続時精算課税を適用した贈与財産の価額（贈与時の価額）を加算して相続税額を計算して贈与税額を精算。
相続税額から控除して控除しきれない金額があるときは還付申告。

相続時精算課税を選択しない
↓
暦年課税

［贈与税］
⑴　贈与財産の額から控除する金額
基礎控除額　毎年110万円
⑵　税　率
暦年課税の税率表で計算

［相続税］
相続財産の価額に贈与財産の価額を加算する必要なし。
ただし，相続開始前３年以内に贈与を受けた財産については，生前贈与加算の取扱い。

贈与税の申告期限は，贈与を受けた年の翌年３月15日です。

1　贈与税の概要

参　照　相法１の４，２の２，３，５～９，21の５，21の７，21の９～13，28，33，62，措法70の２の４

Point

■計算方法は，「暦年課税」又は「相続時精算課税」

■いずれも，翌年３月15日が申告期限

1　贈与税が課税される場合

贈与税は，個人が個人から財産をもらったときにかかる税金です。

自分が保険料を負担していない満期保険金を受け取った場合や債務の免除などにより利益を受けた場合にも，財産の贈与を受けたとみなされて贈与税が課税されます。

※　生命保険金に係る課税の詳細は，「第４章 6 生命保険金の課税関係」を参照してください。

※　贈与により財産を取得した時に日本国内に住所がない人で所定の要件に該当する人は，国内にある財産だけが，贈与税の課税の対象となります。

2　著しく低い価額による譲渡

個人が，個人から，著しく低い価額の対価で財産を譲り受けた場合には，その財産の時価と支払った対価との差額に相当する金額は，財産を譲渡した人から譲り受けた人への贈与とみなされます。

著しく低い価額の対価であるかどうかは，個々の具体的事案に基づき判定することになります。

ただし，著しく低い価額の対価で財産を譲り受けた場合であっても，譲り受けた人が資力を喪失して債務を弁済することが困難である場合において，その弁済に充てるためにその人の扶養義務者から譲り受けたものであるときは，贈与とみなされません。

3　贈与税の課税方式

贈与税の課税方式には，「暦年課税」と「相続時精算課税」の２つがあります。

⑴ 暦年課税

「暦年課税」は原則的な課税方式であり，「相続時精算課税」を選択していない場合は，すべて「暦年課税」となります。

暦年課税による贈与税額は，個人が１月１日から12月31日までの１年間に贈与を受けた財産の合計額から基礎控除額の110万円を差し引いた残りの額に対して，超過累進税率を適用して計算します。

１年間にもらった財産の合計額が110万円以下である場合は，贈与税は課税されず，贈与税の申告も不要です。

⑵ 相続時精算課税

「相続時精算課税」は，受贈者（財産をもらった人）が，父母又は祖父母からの贈与について，贈与者ごとに，選択し適用します。

贈与の時には，2500万円の特別控除額を控除した残額に20%の税率で贈与税を納付し，贈与者が死亡したときに相続税で精算します。

4 贈与税の申告期限

暦年課税で110万円を超える贈与を受けた場合及び相続時精算課税を適用する場合には，贈与の年の翌年２月１日から３月15日の間に，申告納税をしなければなりません。

相続時精算課税を適用する場合には，特別控除により納税額がゼロと計算される場合でも申告する必要があります。

税金は金銭で一度に納めるのが原則ですが，贈与税には，税務署長の許可を受けて５年以内の期間で分割して納付することができる延納制度があります。

2　暦年課税

参照　相法19，21の２，21の５，21の７，措法70の２の４，70の２の５

Point

■110万円の基礎控除

■20歳以上の人が直系尊属から受ける贈与には，一般税率よりも低い特例税率

1　計算の手順

①　その年の１月１日から12月31日までの１年間に，個人から贈与を受けた財産の価額を合計します。

１人の人から贈与されたか，複数の人から贈与されたかにかかわらず，１年間に贈与を受けた財産の価額を合計します。

②　その合計額から基礎控除額110万円を差し引き，残りの金額について，贈与税の速算表を使用して税額を計算します。

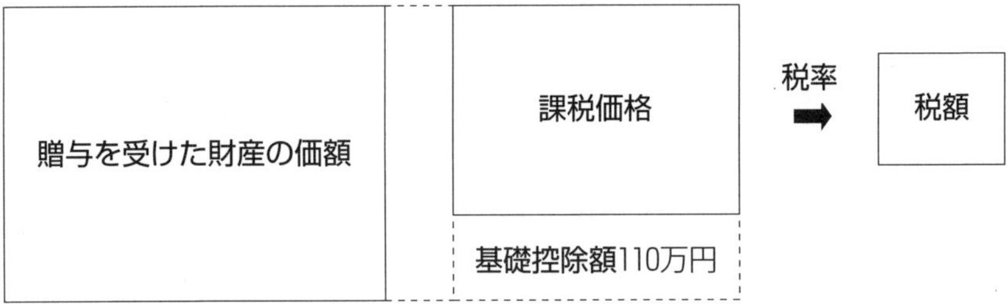

2　贈与税の速算表

贈与税の税率は，特例税率と一般税率とに区分されています。

(1)　特例税率（直系尊属から20歳以上の直系卑属への贈与である場合）

特例税率は，祖父母から孫への贈与，父母から子への贈与など，直系尊属から，その年の１月１日において20歳以上※の直系卑属に贈与された財産（特例贈与財産）に適用されます。

※　民法の成年年齢引下げに伴い，令和４年４月１日以後は，18歳以上となります。

課税価格		税率	控除額
	200万円以下	10%	－
200万円超	400万円以下	15%	10万円
400万円超	600万円以下	20%	30万円
600万円超	1000万円以下	30%	90万円
1000万円超	1500万円以下	40%	190万円
1500万円超	3000万円以下	45%	265万円
3000万円超	4500万円以下	50%	415万円
4500万円超		55%	640万円

(2)　一般税率（上記(1)以外の場合）

一般税率は，兄弟間の贈与や夫婦間の贈与，配偶者の親からの贈与，未成年者への贈与など「特例贈与財産」に該当しないもの（一般贈与財産）に適用されます。一般税率は，特例税率よりも高く設定されています。

課税価格		税率	控除額
	200万円以下	10%	－
200万円超	300万円以下	15%	10万円
300万円超	400万円以下	20%	25万円
400万円超	600万円以下	30%	65万円
600万円超	1000万円以下	40%	125万円
1000万円超	1500万円以下	45%	175万円
1500万円超	3000万円以下	50%	250万円
3000万円超		55%	400万円

3　相続開始前３年以内の贈与

相続又は遺贈により財産を取得した人が，その被相続人から，相続開始前３年以内に贈与を受けていた場合には，その贈与財産の価額は，相続財産の額に加算して相続税を計算し，その贈与について納付した贈与税額を控除します（「第４章 21 贈与財産の加算」及び「第６章 2 贈与税額控除」を参照）。

3　暦年課税による贈与税の計算の具体例

【事例】

(1)　A（25歳）は，祖父から500万円の贈与を受けた。（祖父→20歳以上の孫）

(2)　B（17歳）は，父から500万円の贈与を受けた。（父→20歳未満の子）

(1)　A（25歳）の贈与税

「直系尊属から20歳以上の直系卑属への贈与」には，特例税率を適用します。

①　課税価格：贈与財産の額500万円－基礎控除額110万円＝課税価格390万円

②　贈与税額：①×15%《税率》－10万円《控除額》＝485,000円

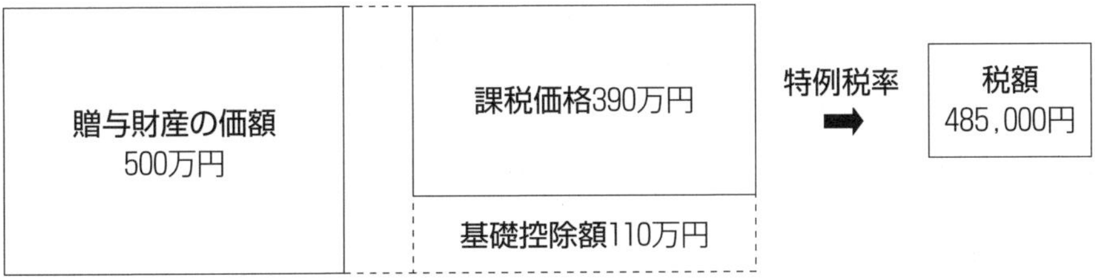

(2)　B（17歳）の贈与税

Bは未成年なので，「直系尊属から20歳以上の直系卑属への贈与」に該当せず，一般税率を適用します。

①　課税価格：贈与財産の額500万円－基礎控除額110万円＝課税価格390万円

②　贈与税額：①×20%《税率》－25万円《控除額》＝530,000円

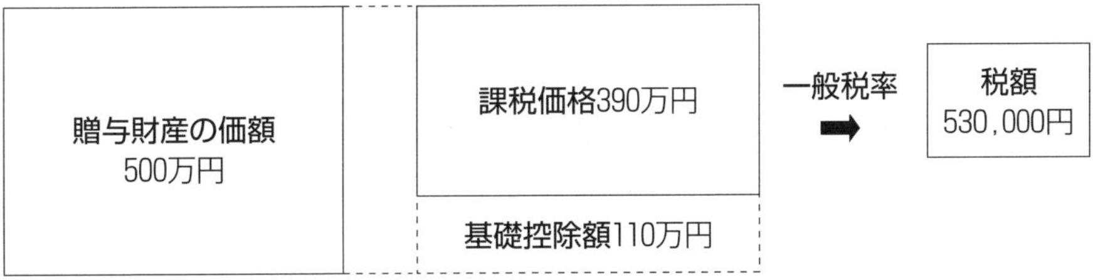

4 相続時精算課税

参　照　相法21の９～21の16，28，33の２，相令５，相規10，11，措法70の２の６

Point

■相続時精算課税は，贈与税と相続税とを一体化する措置

■［祖父，祖母，父，母］との１対１の関係で，受贈者である子又は孫が選択

1 相続時精算課税制度の趣旨

贈与税は相続税の補完税と位置付けられ，相続税よりも税負担が重くなるように設計されており，生前贈与を抑制する効果があります。その結果，高齢者の持つ資産が固定され，消費が旺盛な若い世代に資金が移りにくくなるので，経済全体からみるとマイナスの要因となります。

そこで，高齢化の進展等を踏まえ，高齢者が持つ資産を次世代に円滑に移転させる観点から，平成15年度の税制改正により，相続時精算課税制度が設けられました。

相続時精算課税は，贈与税と相続税とを一体化する制度です。

2 適用対象者

贈与者は贈与をした年の１月１日において60歳以上の父母又は祖父母です。

受贈者は贈与を受けた年の１月１日において20歳以上（令和４年４月１日以後は18歳以上）の直系卑属である推定相続人（子又はその代襲相続人）又は孫です。

たとえば，令和３年中の贈与について，相続時精算課税を選択することができるのは，贈与者の誕生日が昭和36年１月２日までで，受贈者の誕生日が平成13年１月２日までの場合です。

令和３年中の贈与について相続時精算課税を選択できる場合	
贈与する人 （贈与者）	：誕生日が昭和36年１月２日以前の祖父，祖母，父，母
贈与を受ける人 （受贈者）	：誕生日が平成13年１月２日以前の子（又はその代襲相続人）又は孫

3　適用対象財産等

贈与財産の種類，金額，贈与回数に制限はありません。

4　税額の計算

(1)　贈与税額の計算

相続時精算課税の適用を受ける贈与財産については，その選択をした年以後，相続時精算課税に係る贈与者以外の者からの贈与財産と区分して，贈与税額を計算します。

毎年の贈与税の額は，贈与財産の価額の合計額から，特別控除額（合計限度額：2500万円）を控除した金額に，一律20％の税率を乗じて算出します。

相続時精算課税に係る贈与者以外の者から贈与を受けた財産については，暦年課税により贈与税額を計算します。

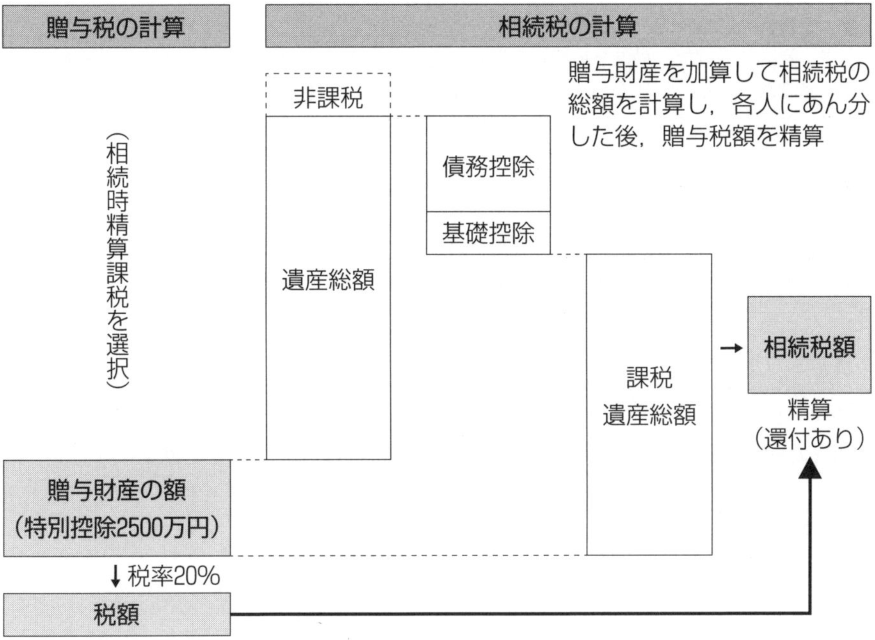

(2)　相続税額の計算

相続時精算課税に係る贈与者が死亡した場合には，相続時精算課税の適用を受けた贈与財産の価額を，相続又は遺贈により取得した財産の価額に加算して相続税額を計算し，既に納めた贈与税相当額を控除して精算します。

相続税額から控除しきれない相続時精算課税に係る贈与税相当額は，相続税の申告をすることにより還付を受けることができます。

相続税の計算をする場合に加算する贈与財産の価額は，贈与時の価額（贈与税の申告をしたときの価額）とされています。

5　適用手続き

相続時精算課税を選択する受贈者（子，孫）は，その選択をしようとする贈与を受けた年の翌年２月１日から３月15日までの間に，納税地の所轄税務署に，次の届出書，贈与税の申告書，添付書類を提出します。

提出する届出書，申告書，添付書類
●　贈与税の申告書（相続時精算課税の適用を受ける旨を記載） ●　相続時精算課税選択届出書（国税庁のホームページに掲載されています） ●　受贈者の戸籍謄本（抄本） ※　贈与を受けた人が贈与者の孫である場合，贈与者の子の戸籍謄本（抄本）も必要です。 ●　受贈者の戸籍の附表の写し（平成８年１月２日以前に生まれた人） ※　受贈者が20歳に達した時以後（平成15年１月１日以後でも可）の住所又は居所を証するもの（贈与を受けた日以後に作成されたもの） ●　贈与者の住民票の写し又は戸籍の附表の写し ※　贈与者が60歳に達した時以後（平成15年１月１日以後でも可）の住所又は居所がわかるもの（贈与を受けた日以後に作成されたもの） ●　受贈者の個人番号カード（「通知カード＋身元確認書類」等でも可）の写し

選択した翌年以後，贈与があった場合には，税額がゼロになる場合でも，必ず，贈与税の申告書を提出しなければなりません。

相続時精算課税の特別控除の適用を受けるためには，期限内申告が必要です。

6　撤回できない

相続時精算課税は，受贈者（子又は孫）が贈与者（父母又は祖父母）ごとに選択できます。

ただし，いったん選択すると，選択した年以後贈与者が亡くなる時まで継続して適用され，暦年課税に変更することはできません。

5　相続時精算課税による贈与税の計算の具体例

【事例】　Ａは，父からの贈与につき相続時精算課税を選択し，次の贈与を受けた。
〈１年目〉現　　金：1000万円
〈２年目〉有価証券：2000万円（時価）
〈３年目〉現　　金：　600万円

Ａは，父からの贈与につき相続時精算課税を選択しているので，特別控除額を控除した残額につき，20％の税率で贈与税額を計算します。

父の相続の際には，贈与を受けた財産の価額を加算して相続税額を計算し，既に納めた贈与税相当額を控除します。

	贈与財産の時価	特別控除額（累計2500万円）	贈与税額
１年目	1000万円	1000万円	０円
２年目	2000万円	2500万円－1000万円＝1500万円	100万円 (500万円×20％)
３年目	600万円	過去の控除額が限度額に達しているので，０円	120万円 (600万円×20％)

↑ 贈与時の時価（贈与税の課税価格）で相続財産の額に加算

↑ 納付した贈与税は，相続税で精算

6 住宅取得等資金の贈与に係る相続時精算課税の特例

参照　相法21の９，措法70の２，70の３，措令40の５，措規23の６，措通70の３－１，70の３－３の２，70の３－５

Point

■マイホームの購入資金の贈与については，贈与者の年齢要件なし

1　マイホーム購入資金の贈与については贈与者の年齢要件なし

マイホームの購入資金の贈与については，令和３年まで，相続時精算課税の「贈与者は60歳以上」という要件は解除することとされています。

すなわち，令和３年12月31日までに，父母又は祖父母から，自己の居住の用に供する住宅用の家屋の新築，取得又は増改築等（以下「新築等」といいます）の対価に充てるための金銭（以下「住宅取得等資金」といいます）の贈与を受けた場合には，贈与者がその贈与の年の１月１日において60歳未満であっても，相続時精算課税を選択することができます。

なお，「新築等」には，家屋の取得や増改築に伴う住宅の敷地となる土地等の取得を含みます。

2　留意点

次の点に留意する必要があります。

① 贈与を受けた年の翌年３月15日までに住宅取得等資金の全額を充てて住宅用の家屋の新築等をしなければなりません。

※ 受贈者が「住宅用の家屋」を所有する（共有持分を有する場合も含まれます）ことにならない場合は，この特例の適用を受けることはできません。

② その新築等の購入先が配偶者や親族など特別の関係がある人である場合は対象となりません。

③ 贈与を受けた年の翌年３月15日までにその家屋に居住すること又は同日後遅滞なくその家屋に居住することが確実であると見込まれることが必要です。

※ 贈与を受けた年の翌年12月31日までにその家屋に居住していないときは，この特例の適用を受けることはできません。修正申告が必要となります。

3　居住用の家屋

贈与された資金で取得する家屋についての要件は，次のとおりです。

新築又は取得の場合の要件
①　国内に所在する家屋であること
②　家屋の登記簿上の床面積（マンションなどの区分所有建物は専有部分の床面積）が40㎡（令和２年12月31日までの贈与であるときは50㎡）以上であること
③　家屋の床面積の２分の１以上に相当する部分が受贈者の居住用であること
④　取得の日における築年数が20年以内（耐火建築物の場合は25年以内）であること ※　築年数が経過していても耐震基準に適合する証明のある建物等は対象となります。
増改築等の場合の要件
①　増改築等後の登記簿上の床面積（マンションなどの区分所有建物は専有部分の床面積）が50㎡以上であること
②　その家屋の床面積の２分の１以上に相当する部分が受贈者の居住の用に供されるものであること
③　増改築等の工事が，自己が所有し居住している家屋に対して行われた所定の工事に該当することについて，「確認済証の写し」，「検査済証の写し」又は「増改築等工事証明書」などの書類により証明されたものであること
④　増改築等に係る工事に要した費用の額が100万円以上であること

4　適用手続き

贈与を受けた年の翌年２月１日から３月15日までの間に，申告書，届出書，戸籍謄本その他の添付書類を納税地の所轄税務署に提出します。

贈与の翌年３月15日までに居住を開始していない場合は，「住宅用家屋を遅滞なく居住の用に供することを約する書類」，その他の書類も必要となります。

7 住宅取得等資金の贈与の非課税の特例

参　照　措法70の２，平24改正法附則41，平27改正法附則97，措令40の４の２，平24改正措令附則28，措規23の５の２，措通70の２－５

Point

■父母，祖父母等から受けるマイホーム購入資金の贈与には，非課税枠がある

■非課税の適用を受けた金額は，相続財産に加算しない

1 制度の概要

令和３年12月31日までに，父母や祖父母，曾祖父母など直系尊属から「住宅取得等資金」の贈与を受けた場合には，次の非課税限度額までの金額について，贈与税が非課税となります。非課税限度額は，マイホームの構造，適用される消費税率，契約の時期等により，異なります。

2 非課税限度額

住宅取得等資金の贈与の非課税限度額は，次のとおりです。

住宅用家屋の取得等に係る契約の締結日	省エネ等住宅	省エネ等住宅以外
平成31年４月１日～令和２年３月31日	3000万円	2500万円
令和２年４月１日～令和３年12月31日	1500万円※	1000万円

※　令和２年12月31日までの贈与で，令和３年４月１日以後の契約であるときは，省エネ等住宅は1200万円，省エネ等住宅以外は700万円が非課税限度額となります。

また，住宅用家屋の取得等に係る消費税率が８％である場合には，非課税限度額が低くなります。

「省エネ等住宅」とは，次の省エネ等基準に適合する住宅用の家屋であることにつき，ハウスメーカー等が書類により証明したものをいいます。

①　断熱等性能等級４若しくは一次エネルギー消費量等級４以上であること

②　耐震等級（構造躯体の倒壊等防止）２以上若しくは免震建築物であること

③　高齢者等配慮対策等級（専用部分）３以上であること

3　受贈者の要件

次のすべてに該当する受贈者は，特例の対象となります。

① 贈与者の直系卑属であること
② 贈与を受けた年の1月1日において，20歳以上であること
　※ 令和3年中の贈与であれば，誕生日が平成13年1月2日以前の人です。
③ 贈与を受けた年分の所得税に係る合計所得金額が2000万円以下であること
　※ 給与所得のみの人は，年収2195万円以下の場合です。
④ 平成21年分から平成26年分までの贈与税の申告で「住宅取得等資金の非課税」の適用を受けたことがないこと
⑤ 贈与を受けた年の翌年3月15日までに住宅取得等資金の全額を充てて住宅用の家屋の新築等をすること
　※ 受贈者が「住宅用の家屋」を所有する（共有持分を有する場合も含まれます）ことにならない場合は，この特例の適用を受けることはできません。
⑥ その新築等の購入先が配偶者や親族など特別の関係がある人でないこと
⑦ 贈与を受けた時に日本国内に住所を有していること（贈与者が日本国内に住所を有している等の緩和措置があります）
⑧ 贈与を受けた年の翌年3月15日までにその家屋に居住すること又は同日後遅滞なくその家屋に居住することが確実であると見込まれること
　※ 贈与を受けた年の翌年12月31日までにその家屋に居住していないときは，この特例の適用を受けることはできません。修正申告が必要となります。

4　居住用の家屋

贈与された資金で取得する家屋についての要件は，「第7章 6 住宅取得等資金の贈与に係る相続時精算課税の特例」と同じです。

5　相続時精算課税，暦年課税の基礎控除との関係

この非課税の特例は，相続時精算課税の特別控除又は暦年課税の基礎控除と併用することができます。

したがって，たとえば，令和3年に贈与を受け，省エネ住宅を購入する契約を締結し，暦年課税を選択した場合には，1500万円（非課税限度額）＋110万円（暦年課税の基礎控除額）＝1610万円まで，贈与税は課税されません。

6 相続税との関係

この非課税の適用を受けた金額は，相続時精算課税を選択している場合，又は，暦年課税で相続開始前３年以内の贈与である場合であっても，相続財産の額に加算する必要はありません。

7 適用手続き

贈与を受けた年の翌年２月１日から３月15日までの間に，次の申告書及び添付書類を納税地の所轄税務署に提出します。

提出する申告書，添付書類
● 贈与税の申告書（非課税の特例の適用を受ける旨を記載）
● 受贈者の戸籍謄本（抄本） ※ 贈与を受けた人が贈与者の孫である場合，贈与者の子の戸籍謄本（抄本）も必要です。
● 受贈者の合計所得金額が2000万円以下であることが分かる書類（源泉徴収票，確定申告書の控え等）
● 取得した不動産の登記事項証明書
● 築年数を経過している場合は，耐震基準適合証明書等
● 不動産の取得に係る契約日が分かる売買契約書又は工事請負契約書等
● 増改築の場合は，増改築等工事証明書等及び増改築等に係る工事の請負契約書の写し
● 省エネ等住宅の場合は，「住宅性能評価書」「長期優良住宅認定通知書」等
● 受贈者の個人番号カード（「通知カード＋身元確認書類」等でも可）の写し

贈与の翌年３月15日までに居住を開始していない場合は，「住宅用家屋を遅滞なく居住の用に供することを約する書類」その他の書類の追加が必要となります。

8 贈与税の配偶者控除

参照　相法19，21の6，相規9

Point

■結婚20年で，居住用不動産等の贈与につき2000万円の控除

1 結婚20年以上で贈与税の配偶者控除

婚姻期間が20年以上になると，居住用不動産等の贈与について基礎控除110万円のほかに最高2000万円まで控除することができる「贈与税の配偶者控除」があります。

【適用要件】

① 婚姻期間が20年以上の配偶者からの贈与であること
② 国内に所在する居住用不動産（居住用の土地，借地権，家屋），又は，国内に所在する居住用不動産を取得するための金銭の贈与であること
③ 贈与を受けた年の翌年３月15日までに，その居住用不動産に，贈与を受けた者が現実に住んでおり，その後も引き続き住む見込みであること

なお，配偶者控除は，同じ配偶者からの贈与については，一生に一度しか適用を受けることができません。

2 適用手続き

贈与を受けた年の翌年２月１日から３月15日までの間に，申告書及び戸籍謄本等の添付書類を納税地の所轄税務署に提出して手続きをする必要があります。

3 相続開始前３年以内に贈与を受けた場合

贈与税の配偶者控除の適用を受けた部分の金額は，相続開始前３年以内の贈与であっても，相続財産の額には加算されません。相続開始の年における贈与についても，贈与税の配偶者控除の手続きを行うことによって，相続財産の額に加算する必要はなくなります。

9 教育資金の一括贈与の非課税の特例

参照　措法70の2の2，措令40の4の3，措規23の5の3，平成25年3月30日文部科学省告示第68号，平成25年3月30日文部科学省・厚生労働省告示第1号

Point

■教育資金口座に入金して行う教育資金の一括贈与は，1500万円まで非課税

■40歳までに使い切らなかった残額は贈与税の課税対象

扶養義務者間で，その都度，必要な範囲内で行われる教育資金の贈与は，贈与税の非課税とされています。

一括して贈与した場合には，「教育資金の一括贈与の非課税の特例」があります。

1　教育資金の一括贈与の非課税

平成25年4月1日から令和5年3月31日までの間に，父母，祖父母，曾祖父母などの直系尊属（年齢制限なし）が，30歳未満の子や孫等へ，教育資金の一括贈与を行った場合は，1500万円まで贈与税が非課税となります。

※　令和3年3月31日までとされてきましたが，令和3年度税制改正により，令和5年3月31日まで延長される予定です。以下，この特例については令和3年度税制改正案を折り込んでいます。

この非課税枠1500万円は，受贈者1人当たりの金額であり，複数の直系尊属から贈与を受けた場合でも，合計額について1500万円の非課税枠となります。

贈与の回数は1回に限定されていないため，1500万円の範囲内であれば，複数回の贈与であっても適用が可能です。

また，暦年課税，相続時精算課税のいずれにおいても適用することができます。

なお，平成31年4月1日以後に贈与した場合には，贈与を受けた年の前年分の受贈者の合計所得金額が1000万円超である場合には，適用がありません。

2　教育資金の範囲

「教育資金」とは，次に掲げる金銭をいいます。ただし，(2)については，500万円が限度となるため，注意が必要です。

⑴　学校等に対して直接支払われる金銭
①　入学金，授業料，入園料，保育料，施設設備費又は入学（園）試験の検定料など ②　学用品の購入費や修学旅行費や学校給食費など学校等における教育に伴って必要な費用など
⑵　学校等以外に対して直接支払われる金銭（500万円が限度）
次に掲げるもので，教育を受けるために社会通念上相当と認められるもの イ　役務提供又は指導を行う者（学習塾や水泳教室等）に直接支払われるもの（受贈者が23歳に達した日の翌日以後に学校等以外に支払われるものを除く） ①　教育（学習塾，そろばんなど）に関する役務の提供の対価や施設の使用料など ②　スポーツ（水泳，野球など）又は文化芸術に関する活動（ピアノ，絵画など）その他教養の向上のための活動に係る指導への対価など ③　上記①の役務の提供又は②の指導で使用する物品の購入に要する金銭 ロ　イ以外（物品の販売店など）に支払われるもの ①　上記⑴②に充てるための金銭であって，学校等が必要と認めたもの ②　通学定期券代，留学のための渡航費などの交通費（平成27年４月以降に支払うものが対象。１回の留学について１回の往復等の要件があります）

3　教育資金管理契約

この特例の適用には，信託会社や銀行等と「教育資金管理契約」を締結し，教育資金口座を開設して，非課税申告書を提出する必要があります。

4　教育資金管理契約の終了

教育資金管理契約は，次の①～④の事由に該当したときに終了します。

①　受贈者が30歳に達した以後において，学校等に在学していること又は教育訓練を受けていることを取扱金融機関の営業所に届け出なかったこと

②　受贈者が40歳に達したこと

③　教育資金口座の残高がゼロになり，契約終了の合意があったこと

④　受贈者が死亡したこと

④を除き，その教育資金管理契約に係る非課税拠出額から教育資金支出額を控除した残額（管理残額）があるときは，その管理残額はその契約終了時に贈与があったものとみなされます。

「教育資金支出額」とは，教育資金管理契約を締結した金融機関等（取扱金融機関）の営業所において，教育資金の支払の事実が確認され，記録された金額の合計額

です。つまり，金融機関等で確認を受けて使い切らなかった残額は，贈与税の課税対象になるということです。

なお，受贈者が贈与者に係る相続時精算課税適用者である場合には相続時精算課税が適用されます。相続時精算課税適用者でない場合は暦年課税となりますが，適用要件を満たしていれば相続時精算課税を選択することができます。

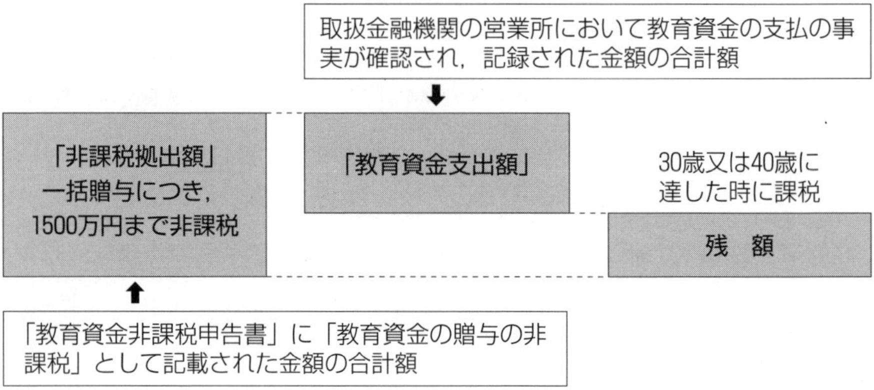

④の受贈者の死亡により教育資金管理契約が終了した場合には，その残額について，贈与税は課税されません。

5　贈与者が死亡した場合

教育資金管理契約の継続中に贈与者が死亡した場合，平成31年３月31日以前に信託等をした教育資金については課税されません。

平成31年４月１日以後に信託等をした場合においては，その管理残額を相続又は遺贈により取得したものとみなされます。

※　令和３年３月31日までの信託等については，贈与者の死亡前３年以内のものに限られます。

ただし，贈与者の死亡日において，受贈者が次に該当する場合は，相続税は課税されません。

①　23歳未満である場合

②　学校等に在学している場合

③　教育訓練給付金の支給対象となる教育訓練を受けている場合

また，その管理残額以外に相続税の課税対象となる取得財産がない場合には，相続税は課税されません。

課税される場合には，令和３年４月１日以後に信託等がされた管理残額に対応する相続税額は，２割加算の対象となります。

6　教育資金の払出及び支払

「教育資金の贈与の非課税」の特例の適用を受ける受贈者は，教育資金の支払の事実を証する領収書等を，次の提出期限まで（教育資金管理契約が終了した場合は，教育資金管理契約が終了する日の翌月末日まで）に，取扱金融機関の営業所に提出しなければなりません。なお，領収書等は，書面に代わってPDFファイルや画像データによることができます。

選択した払出方法	提　出　期　限
①　教育資金を支払った後に口座から払い出す方法のみを選択（立替精算方式）	領収書等に記載された支払年月日から１年を経過する日
②　上記以外（仮払方式）	領収書等に記載された支払年月日の属する年の翌年３月15日

上記②の場合において，その年中に教育資金口座から払い出した金銭の合計額が，金融機関等に提出した領収書等により確認された金額の合計額よりも少ないときは，金融機関等は，その払い出した金銭の合計額を教育資金支出額として記録します。

上記①又は②の払出方法は，教育資金口座の開設時に選択します。その後の変更はできません。

10 結婚・子育て資金の一括贈与の非課税の特例

参照　措法70の2の3，措令40の4の4，措規23の5の4，平成27年3月31日内閣府告示第48号

Point

- ■結婚・子育て資金口座に入金して行う結婚・子育て資金の一括贈与は，1000万円まで非課税
- ■50歳までに使い切らなかった残額は贈与税の課税対象
- ■贈与者が死亡した場合は，残額が相続税の対象となる

「結婚・子育て資金の一括贈与の非課税の特例」は，結婚又は子育てに充てるための資金を一括贈与した場合に贈与税が非課税となる制度です。

1　結婚・子育て資金の一括贈与時の非課税

平成27年4月1日から令和5年3月31日までの間に，父母，祖父母，曾祖父母などの直系尊属（年齢制限なし）が，20歳以上50歳未満の子や孫等へ，結婚・子育て資金の一括贈与を行った場合は，1000万円まで贈与税が非課税になります。

※　令和3年3月31日までとされてきましたが，令和3年度税制改正により，令和5年3月31日まで延長される予定です。以下，この特例については令和3年度税制改正案を折り込んでいます。

※　令和4年4月1日以後は，受贈者の年齢は，18歳以上50歳未満となります。

この非課税枠1000万円は，受贈者1人当たりの金額であり，複数の直系尊属から贈与を受けた場合でも，合計額について1000万円の非課税枠となります。

贈与の回数は1回に限定されていないため，1000万円の範囲内であれば，複数回の贈与であっても適用が可能です。

また，暦年課税，相続時精算課税のいずれにおいても適用することができます。

なお，平成31年4月1日以後に信託受益権等を取得した場合には，信託受益権等を取得した年の前年分の受贈者の合計所得金額が1000万円超である場合には，適用がありません。

2　結婚・子育て資金の範囲

「結婚・子育て資金」とは，次に掲げる金銭をいいます。

(1)については，300万円が限度となるため，注意が必要です。

(1)　結婚に際して支出する次のような金銭（300万円が限度）
①　挙式費用，衣装代等の婚礼（結婚披露）費用（婚姻の日の1年前の日以後に支払われるもの） ②　家賃，敷金等の新居費用，転居費用（一定の期間内に支払われるもの）
(2)　妊娠，出産及び育児に要する次のような金銭
①　不妊治療，妊婦健診に要する費用 ②　分べん費等，産後ケアに要する費用 ③　子の医療費，幼稚園・保育所等の保育料（ベビーシッター代を含む）など

3　結婚・子育て資金管理契約

この特例の適用には，信託会社や銀行等と「結婚・子育て資金管理契約」を締結し，結婚・子育て資金口座を開設して，非課税申告書を提出する必要があります。

4　結婚・子育て資金管理契約の終了

結婚・子育て資金管理契約は，次の①～③の事由に該当したときに終了します。

①　受贈者が50歳に達したこと

②　結婚・子育て資金口座の残高がゼロになり，契約終了の合意があったこと

③　受贈者が死亡したこと

①又は②の場合，その結婚・子育て資金管理契約に係る非課税拠出額から結婚・子育て資金支出額を控除した残額（管理残額）があるときは，その管理残額は，その契約終了時に贈与があったものとみなされます。

「結婚・子育て資金支出額」とは，結婚・子育て資金管理契約を締結した金融機関等の営業所において，結婚・子育て資金の支払の事実が確認され，記録された金額の合計額です。

つまり，50歳までに金融機関等で確認を受けて使い切らなかった残額は，贈与税の課税対象になるということです。

なお，受贈者が贈与者に係る相続時精算課税適用者である場合には相続時精算課税が適用されます。相続時精算課税適用者でない場合は暦年課税となりますが，適用要件を満たしていれば相続時精算課税を選択することができます。

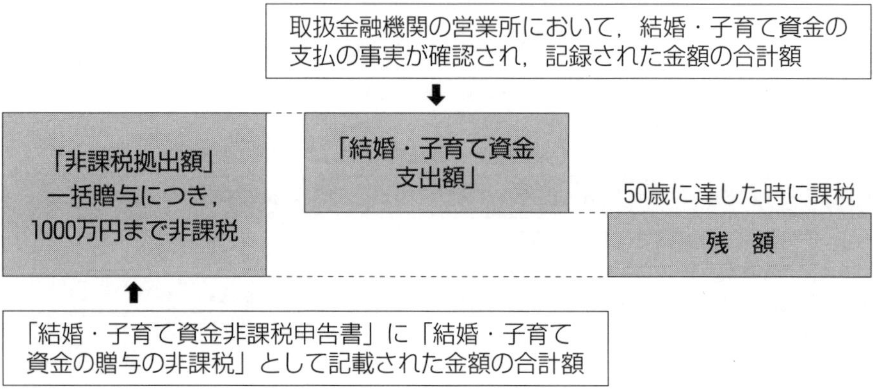

③の受贈者の死亡により結婚・子育て資金管理契約が終了した場合には，その残額について，贈与税は課税されません。

5　贈与者が死亡した場合

結婚・子育て資金管理契約の継続中に贈与者が死亡した場合には，管理残額は，受贈者が贈与者から相続又は遺贈により取得したものとみなされます。

ただし，その残額以外に相続税の課税対象となる取得財産がない場合には，相続税は課税されません。

また，課税される場合には，令和３年４月１日以後に信託等がされた管理残額に対応する相続税額は，２割加算の対象となります。

6　結婚・子育て資金の払出及び支払

「結婚・子育て資金の一括贈与の非課税の特例」の適用を受ける受贈者は，結婚・子育て資金の支払の事実を証する領収書等を，取扱金融機関の営業所に提出しなければなりません（データによる提出が可能です）。

提出期限等は，教育資金の一括贈与の非課税の特例と同様です。143頁の6を参照してください。

第8章

納税猶予，出国税

5分間レクチャー！ この章のポイント

1 農地等に係る納税猶予

農地等に係る納税猶予は，農業後継者を保護するため，農業の継続を要件に，無税で農地等を承継することができる制度です。

2 非上場株式等に係る納税猶予

非上場株式等に係る納税猶予は，中小企業のスムーズな事業承継のため，非上場株式等の贈与又は相続について設けられた事業承継税制です。

特例措置と一般措置があり，特例措置では，事業承継のために受け継いだ株式等のすべてについて，相続税の納税が猶予され，最終的に免除の適用を受けることができます。

3 個人版事業承継税制

青色申告に係る事業を行っていた事業者の後継者が，平成31年１月１日から令和10年12月31日までの贈与又は相続等により特定事業用資産を取得した場合は，事業の継続など所定の要件を満たすことにより，その特定事業用資産に係る贈与税・相続税の全額の納税が猶予され，後継者の死亡等により，その猶予されている税が免除されます。

4 国外転出時課税制度

平成27年７月１日以後，所有する有価証券（株式，投資信託等）等の合計額が１億円以上である人に，次の国外転出時課税制度が適用されています。

① 国外に移転する場合に保有する有価証券等の含み益に課税

② 非居住者へ贈与する場合に贈与する有価証券等の含み益に課税

③ その人の相続にあたり非居住者が取得した有価証券等の含み益に課税

1　農地等に係る贈与税・相続税の納税猶予

参　照　措法70の４～70の６の５，70の８，93，96，措令40の６～40の７，措規23の７～23の８の２

Point

■農業を継続する場合には，農地等に係る贈与税及び相続税の納税が猶予される

農地等の細分化を防ぎ，農業後継者を保護するために，贈与税及び相続税について，その納税を猶予し，最終的に免除する制度が設けられています。

この特例の適用には，法定申告期限内の申告，適格者証明書等の添付書類の提出，担保の提供が必要です。

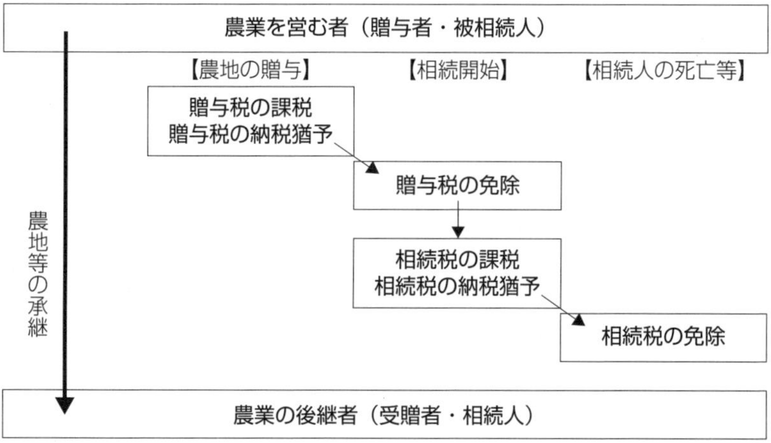

1　農地に係る贈与税の納税猶予

①　制度の概要

農地等の贈与があった場合において，その贈与が所定の要件に該当するときは，その贈与者の死亡の日まで，贈与税の納税が猶予されます。

なお，相続時精算課税適用者がこの特例の適用を受ける場合には，適用を受ける農地等については，相続時精算課税は適用されません。

項　目	要　　　件
贈与者	贈与の日まで引き続き３年以上農業を営んでいた者であること
受贈者	次の①②③に該当する者 ①　贈与者の推定相続人の１人で，年齢が18歳以上であること ②　引き続き３年以上農業に従事していたこと ③　贈与により農地等を取得した日後速やかに農業経営を行うと認められること及びこれらの点を農業委員会が証明した者であること
農地等	贈与者は，農業の用に供している農地（一定の市街化区域内の農地等を除く）の全部，採草放牧地（一定の市街化区域内の農地等を除く）の面積の３分の２以上及び準農地の面積の３分の２以上を一括して贈与すること

② 免　　除

納税が猶予された税額は，受贈者又は贈与者のいずれかが死亡した場合には，納税が免除されます。贈与者の死亡による場合は，贈与税の納税猶予の対象になっていた農地等（特例農地等）は，贈与者から相続したものとみなされて相続税の課税対象となります。次の「❷農地等に係る相続税の納税猶予」を参照してください。

③ 納　　付

農地等の贈与者又は受贈者の死亡の日前に，受贈者が，農地等の譲渡や転用，農業経営を廃止した場合などには納税が猶予されていた贈与税額を利子税とともに納付しなければなりません。

❷ 農地等に係る相続税の納税猶予

① 制度の概要

農業を営んでいた被相続人から相続又は遺贈により，農地等を取得した相続人が，その農地等を引き続き農業の用に供していく場合には，その農地等の価額のうち農業投資価額を超える部分に対応する相続税については，所定の要件の下に，納税が猶予されます。なお，相続時精算課税に係る贈与によって取得した農地等については，この特例の適用を受けることはできません。

区　分	相続税の納税猶予
相続した農地等	適用対象
贈与税の納税猶予の適用を受けた農地等	適用対象
相続時精算課税制度の適用を受けた農地等	対象外

項　目	要　　　　件
被相続人	次のいずれか ①　死亡の日までその農地等で農業を営んでいた個人 ②　農地等に対する贈与税の納税猶予の特例の適用を受ける贈与をした個人
農　業 相続人	次のいずれかで農業委員会が証明した者 ①　相続又は遺贈により取得した農地等について相続税の申告書の提出期限までに農業経営を開始し，その後も引き続き農業経営を行うと認められる者 ②　農地等の生前一括贈与を受けた者で所定の要件を満たす者
農 地 等	次のいずれか ①　被相続人から相続又は遺贈により取得した農地，採草放牧地又は準農地であるものであること ②　贈与税の納税猶予の特例に係る農地等で相続又は遺贈により取得したものとみなされたものであること

②　免　　　除

納税が猶予された税額は，次のいずれかに該当する場合に免除されます。

- 特例の適用を受けた農業相続人が死亡した場合
- 特例の適用を受けた農業相続人がこの特例の適用を受けた農地等の全部を農業の後継者に生前一括贈与した場合（特定貸付けを行っていない相続人に限ります）
- 農業相続人が相続税の申告書の提出期限から農業を20年間継続した場合（市街化区域内田園住居地域農地等に対応する農地等納税猶予税額の部分に限ります。また，特例農地等のうちに都市営農農地等を有しない相続人に限ります）

③　納　　　付

納付が免除されるまでに農地等の譲渡，転用，農業経営の廃止等の事由が生じた場合には，納税が猶予されていた相続税額を利子税とともに納付しなければなりません。

2 非上場株式等に係る贈与税・相続税の納税猶予（事業承継税制）

参 照 措法70の7～70の7の8，93，96，平25改正法附則86，措令40の8～40の8の8，措規23の9～23の12の5

Point

■会社の経営を継続する場合には，贈与税及び相続税が猶予される

中小企業の計画的で安定的な経営の継続を確保するため，株式の贈与及び相続について，その納税を猶予し最終的に免除する事業承継税制が設けられています。

1 非上場株式等に係る贈与税の納税猶予

後継者である受贈者（経営承継受贈者）が，先代経営者から，贈与により，経済産業大臣の認定を受ける非上場会社の株式等の贈与を受けた場合において，その会社の経営を継続する等の要件を満たすときは，その株式等について，贈与税の納税が猶予されます。

猶予された税額は，経営承継受贈者が死亡した場合等にはその全部又は一部が免除されます。

先代経営者が死亡した場合は，納税猶予の対象になっていた非上場株式等は，先代経営者から相続又は遺贈により取得したものとみなされます。

納付が免除される時までにその非上場株式等を譲渡するなど納税猶予の要件を満たさないこととなった場合には，贈与税額に利子税を併せて納付する必要があります。

2 非上場株式等に係る相続税の納税猶予

相続等により，後継者である相続人等（経営承継相続人等）が，先代経営者である被相続人から，経済産業大臣の認定を受ける非上場会社の株式等を取得し，その会社の経営を継続する等の要件を満たすときは，その株式等について，相続税の納税が猶予されます。

猶予された税額は，経営承継相続人等が死亡した場合等などには免除されます。

免除される時までにその非上場株式等を譲渡するなど納税猶予の要件を満たさないこととなった場合には，納税猶予税額に利子税を併せて納付する必要があります。

3　個人事業者の事業用資産に係る贈与税・相続税の納税猶予（個人版事業承継税制）

参照　措法70の2の7，70の6の8～10，措令40の7の8～10，措規23の8の8～8の9

Point

■都道府県知事から「個人事業承継計画」の確認を受けた者が適用対象

1　個人版事業承継税制の創設

個人事業の円滑な承継のため，令和元年度税制改正により，個人版事業承継税制が創設されました。青色申告に係る事業を行っていた事業者の後継者が，平成31年1月1日から令和10年12月31日までの贈与又は相続等により特定事業用資産を取得した場合は，所定の要件を満たすことにより，

① その青色申告に係る事業の継続等，一定の要件のもと，その特定事業用資産に係る贈与税・相続税の全額の納税が猶予され，

② 後継者の死亡等，一定の事由により，納税が猶予されている贈与税及び相続税の納税が免除されます。

2　主な要件

- 不動産貸付業等は対象外です。
- 青色申告は，正規の簿記の原則によるものに限ります。
- 「特定事業用資産」とは，先代事業者の事業の用に供されていた宅地等（400㎡まで），建物（床面積800㎡まで），その他一定の減価償却資産で贈与又は相続等の前年分の事業所得に係る青色申告書の貸借対照表に計上されていたものです。
- 後継者は，先代事業者の事業を確実に承継するための具体的な計画を記載した「個人事業承継計画」を策定し，認定経営革新等支援機関（税理士，商工会，商工会議所等）の所見を記載の上，平成31年4月1日から令和6年3月31日までに都道府県知事に提出し，確認を受ける必要があります。
- 先代事業者から，特定事業用資産の全ての贈与を受ける必要があります。
- 小規模宅地等の特例との選択適用となります。

4 特定の美術品についての相続税の納税猶予

参照 措置法70の6の7，措令40の7の7，措規23の8の7

Point

■特定美術品に係る相続税には納税猶予と免除がある

1 特定の美術品についての相続税の納税猶予

寄託先美術館の設置者と特定美術品の寄託契約を締結し，認定保存活用計画に基づきその特定美術品をその寄託先美術館の設置者に寄託していた被相続人から，相続又は遺贈によりその特定美術品を取得した一定の相続人（寄託相続人）が，その特定美術品の寄託先美術館の設置者への寄託を継続する場合には，その寄託相続人が納付すべき相続税の額のうち，その特定美術品に係る課税価格の80％に対応する相続税の納税が猶予されます。

※ 「寄託先美術館」とは，博物館法に規定する博物館又は同法の規定に基づき博物館に相当する施設として指定された施設をいいます。

※ 「寄託契約」とは，特定美術品の所有者と寄託先美術館の設置者との間で締結された特定美術品の寄託契約で，契約期間，特定美術品を適切に公開する旨，所有者から解約の申入れをすることができない旨の記載があるものをいいます。

※ 「認定保存活用計画」とは，文化財保護法に規定する認定重要文化財保存活用計画又は認定登録有形文化財保存活用計画をいいます。

※ 「特定美術品」とは，認定保存活用計画に記載された次に掲げるものをいいます。

- 重要文化財として指定された絵画，彫刻，工芸品その他の有形の文化的所産である動産
- 登録有形文化財（建造物を除きます。）のうち世界文化の見地から歴史上，芸術上又は学術上特に優れた価値を有するもの

2 特定の美術品についての相続税の免除

寄託相続人の死亡等により，納税が猶予されている相続税の納付が免除されます。

5 その他の納税猶予

参　照　措置法70の6の6，70の7の9，70の7の12

Point

■山林についての相続税の納税猶予と免除の特例がある

■医療継続に係る贈与税・相続税の納税猶予と免除の特例がある

1 山林についての相続税の納税猶予と免除の特例

森林，林業の再生を目的として，山林についての相続税の納税猶予と免除の特例が設けられています。特定森林経営計画が定められている区域内に存する山林（立木又は土地）を有していた被相続人から相続又は遺贈により特例施業対象山林の取得をした相続人（林業経営相続人）が，自ら山林の経営（施業又はその施業と一体として行う保護）を行う場合には，所定の要件の下に，その林業経営相続人が納付すべき相続税のうち，山林に係る課税価格の80％に対応する相続税の納税が猶予されます。

猶予された税額は，林業経営相続人が死亡した場合には，その納税が免除されます。

2 医療継続に係る贈与税・相続税の納税猶予と免除の特例

地域において必要とされる医療を保護するため，持分の定めのある医療法人から持分の定めのない医療法人への移行が促進されるよう，医療継続に係る贈与税及び相続税の納税猶予と免除の特例が設けられています。

⑴　贈与税の納税猶予と免除

認定医療法人の持分を有する人がその持分放棄をしたことにより，他の持分を有する人に贈与税が課される場合には，所定の要件の下にその納税が猶予され，その持分のすべてを放棄した場合等には，その税額が免除されます。

⑵　相続税の納税猶予と免除の特例

相続人等が，相続又は遺贈により，医療法人の持分を取得した場合には，所定の要件の下に，この特例の適用を受ける持分の価額に対応する相続税の納税が猶予され，その持分のすべてを放棄した場合等には，その税額が免除されます。

6 国外転出時課税制度

参照　所法60の２，60の３，127，130，137の２，137の３，151の２，151の３，153の２，153の３，所令170，170の２，266の２，266の３，平27改正法附則７，８

Point

■１億円以上の有価証券を保有する人は，国外転出時に譲渡所得課税

■１億円以上の有価証券を保有する人は，国外居住者への贈与について譲渡所得課税

■１億円以上の有価証券を保有する被相続人は，国外居住者が相続した有価証券について譲渡所得課税

平成27年度税制改正により，国外転出時課税制度が創設されました。

1　国外に転出する場合

平成27年７月１日以後に国外転出（国内に住所及び居所を有しないこととなること）をする者が，１億円以上の対象資産を所有している場合には，国外に提出する時にその対象資産を譲渡したものとみなされ，その含み益に所得税が課税されます。

①　国外転出時課税の対象者

国外転出時において，下記のイ及びロのいずれにも該当する居住者が，国外転出時課税の対象者となります。

イ　所有している対象資産の価額の合計額が１億円以上であること

ロ　原則として，国外転出をする日前10年以内において国内に５年を超えて住所又は居所を有していること

②　申告の義務

国外転出時課税の対象となる人は，所得税の確定申告と納税を行う必要があります。

ただし，所定の要件を満たす場合は，納税猶予制度や税額を減額するなどの取扱いがあります。いずれの減額措置等も国外転出までに納税管理人の届出書を所轄税務署に提出するなどの手続きが必要です。

2　非居住者へ贈与する場合

国外に居住する親族等へ対象資産の贈与を行うときは，贈与者が贈与の時において，贈与対象資産を譲渡したものとみなされ，贈与対象資産の含み益に所得税が課税されます。

この取扱いの対象は，原則として，贈与の日前10年以内において国内に５年を超えて住所又は居所を有し，贈与時において対象資産を１億円以上所有している人です。

対象となる場合には，所得税の確定申告を行う必要があります。

3　非居住者が相続する場合

国外に居住する相続人等が，被相続人から，相続又は遺贈により，対象資産を取得するときは，被相続人が相続開始時に相続対象資産を譲渡等したものとみなされ，相続対象資産の含み益に所得税が課税されます。

この取扱いの対象となる被相続人は，原則として，相続開始日前10年以内において国内に５年を超えて住所又は居所を有し，相続開始時において対象資産を１億円以上所有している人です。

対象となる場合には，相続人は，被相続人の準確定申告を行う必要があります。

4　対象資産

有価証券（株式，投資信託等），匿名組合契約の出資の持分，未決済の信用取引・発行日取引・デリバティブ取引が，国外転出時課税の対象資産となります。

第9章

税務調査

5分間レクチャー！ この章のポイント

1 相続税の税務調査

納税者に対して質問したり資料の提出を求めたりする税務調査（実地調査）は，相続税の申告書を提出してから１年～２年経過後に行われます。

実地調査があると，追徴税額が生じる割合は，85%を超えています。

2 事前通知と準備

税務調査に当たっては，通常は，事前通知があります。

税務調査までに，資料と記憶を整理しておく必要があります。納税者全員で確認する機会を持つことができれば，なお良いでしょう。

3 疑問点の解明

税務署の職員は，疑問点があると，詳しい資料を要求し，質問を行い，その解明を試みます。申告に非違があると認定するためには，その裏付けが必要です。税理士がいれば，専門的な知識と経験をもって説明が行われるでしょう。

4 税務調査の終了

税務調査の結果，非違事項があるとされた場合には，修正申告の勧奨が行われ，納税者が修正申告に応じない場合は，更正処分（追徴税額を確定する行政処分）が行われます。修正申告及び更正処分には，加算税（隠ぺい又は仮装があった場合には重加算税）の賦課決定が伴います。

更正処分に納得できないときは，不服申立てを行い，訴訟を提起することができますが，税務争訟で納税者の主張が認められる可能性は低く，税務調査において十分な説明をして，不本意な処分を受けないように努力することが重要です。

1　相続税の税務調査

Point

■実地調査は申告からおおむね2年後

■実地調査があると追徴課税が生じる割合は85.7%

1　机上調査と実地調査

提出された申告書の記載内容が正しいかどうかを確かめるために，税務署の職員による税務調査が行われます。税務調査は，税務署内部の下調べ（机上調査）を経て，実際に納税者のところにやってきて質問をする「実地調査」となります。

相続税は，法人税や所得税のように毎年あるものではないので，机上調査は時間をかけて行われ，実地調査は，相続税の申告書を提出してから1年～2年後となります。筆者の経験では，3年経ってから調査の連絡を受けたというケースもあります。

相続税の実地調査の割合は，所得税や法人税に比べて相当高いと考えられます。

2　申告漏れの発見割合

相続税の実地調査は，遺産額が大きい場合，被相続人の過去の所得税の申告や税務署で収集した資料情報等から申告額に疑問がある場合，相当程度の財産があると見込まれる人が亡くなっているのに相続税の申告がない場合等を中心に行われます。

実地調査の件数は，平成30事務年度においては12,463件（平成29年事務年度においては12,567件），このうち申告漏れ等の非違があった件数は10,684件（同10,521件）で，非違割合は85.7%（同83.7%）となっています。

申告漏れの相続財産の内訳は，「現金・預貯金等」1,268億円（平成29年事務年度においては1,183億円）が最も多く，続いて「土地」422億円（同410億円），「有価証券」388億円（同527億円）の順であり，加算税を含む追徴税額は，実地調査1件当たりでは708万円（同783万円），重加算税の賦課件数は1,762件（同1,504件），賦課割合は16.5%（同14.3%）となっています。

2　事前通知と準備

Point

■税務調査は，通常，事前通知をして行われる

■資料と記憶を整理して臨む

1　税務調査の事前通知

ある日突然，税務署の職員が訪ねてきて実地調査（以下，「税務調査」といいます）が始まる，ということはほとんどありません。もしあれば，それは証拠隠滅の危険性が高いと判断された場合や，脱税容疑で令状をもって行われる調査の場合です。

通常，税務調査に当たっては，事前の電話連絡（事前通知）があります。

事前通知は，税理士が代理人となって申告した場合には，税理士に対して行われます。税理士は，納税者と税務署の都合を聞いて，日程を調整することになります。

2　税務調査の準備

税務調査では，税務署の職員が，納税者の同意をもって，申告内容等について質問したり事実を裏付ける資料をチェックしたりします。作業がスムーズに進めば短い時間で済みますが，資料が提示されない場合等には，日数が増えることもあり，納税者の負担も大きくなります。

また，正しい申告をしていても，質問の答えが申告書の内容と一致しない場合や，いくつかの質問に対する答えが首尾一貫しない場合など，間違った説明をしてしまうと，調査官は申告漏れがあるのではないかと考えてしまいます。

税務調査に当たっては，資料と記憶を整理しておく必要があります。

納税者全員で確認する機会を持つことができれば，なお良いと考えられます。

3　税務調査の流れ

Point

■全体的なヒアリングの後，資料の確認が行われる

1　全体的なヒアリング

最初に，全体的なヒアリングが行われます。被相続人の人柄，職業，趣味，交友関係，病歴，海外渡航歴，お金遣いのスタイルなどの質問です。どこにどのような財産を残しているのか，税務調査の方向性やチェックポイントが浮かび上がります。

また，ご家族の状況にも質問は及びます。被相続人が家族名義で持っていた預金や家族名義で出資した有価証券は遺産となるため，家族名義の多額の預金等があれば，その形成過程を確認する必要があるからです。

2　資料の確認

次に，具体的な確認作業となります。

被相続人と家族の過去５年から10年の預貯金の動き，家族が保有する有価証券の出資の際の状況，保険料の支払いと生命保険金の入金の状況，印鑑等の管理状況等を確認し，金庫，貴金属，仏壇及び仏具，葬儀の芳名帳などもチェックします。

また，配偶者の税額軽減や小規模宅地の評価減の適用要件を満たしているか，相続税は各相続人等が自分で負担しているか，といった確認も行われます。

3　疑問点の解明

税務署の職員は，疑問点があると，詳しい資料を要求し，質問を行い，その解明を試みます。申告に非違があると認定するためには，その裏付けが必要です。税理士がいれば，専門的な知識と経験をもって，説明が行われるでしょう。

いずれにしても，調査が終了するまでに，正しい申告であることを理解してもらわなければなりません。不用意な発言はせず，事実関係を整理して説明しましょう。

4 税務調査の終了

Point

■税務調査は，申告是認，修正申告，更正処分のいずれかで終了する

1 是認通知

税務調査の結果，申告漏れなどの非違がなければ，その旨が書面で通知されます。

2 修正申告の勧奨と更正処分

非違事項があるとされた場合には，修正申告の勧奨が行われます。修正申告の勧奨は，税務調査の終了を意味し，この時点で何か釈明を行っても手遅れです。

修正申告には，財産を取得した全員の了解が必要です。１人に相続財産の申告漏れがあった場合には，相続税の総額の計算が変わり，全員の税額に影響するからです。

修正申告に応じない場合は，更正処分（追徴税額を確定する行政処分）になります。

修正申告及び更正処分には，過少申告加算税（10～15％）又は重加算税（35％）の賦課決定が伴います。法定申告期限までに申告書を提出していない場合には，無申告加算税（15～20％）の対象となり，重加算税の税率は40％となります。

また，別に，延滞税が発生します。

3 不服申立てと訴訟

更正処分を受けた場合において，その処分に納得できないときは，①再調査の請求，②審査請求を経て，③裁判に訴え，その処分の取消しを求めることができます（①②を併せて「不服申立て」，①～③の全体を「税務争訟」といいます）。

ただし，税務争訟で納税者の主張が認められる可能性は低く，税務調査において十分な説明をし，不本意な処分を受けないように努力することが重要です。

修正申告は，納税者自身が間違いを認めて相続税額を増加させる手続きですから，後から考えが変わっても，不服申立てをすることはできません。

第 10 章

遺すため受け継ぐ
ための相続対策

5分間レクチャー！ この章のポイント

1 相続対策

「相続税対策」とは，相続税を安くすること，相続税の納税資金を確保することですが，遺産分割の争いは，遺産額が基礎控除額以下で課税されない場合にも発生します。円満な遺産分割のための「相続対策」が必要です。

相続対策には，財産の棚卸しと家族の話し合いが重要です。それぞれの意見を確認し，問題があれば協力して準備を行いましょう。

2 生前贈与

生前贈与は，老後の生活資金を確保した上で，税負担の増減にも注意して行いましょう。相続時精算課税は，生前贈与の有効な手段と考えられていますが，相続税が増加するリスクもあり，その選択には，十分な検討が必要です。

3 遺言の付言事項

遺言には，家族に対する思いや愛情を伝える最後のメッセージを付言事項として記すことができます。相続人が遺言に示された財産の処分に疑問を持つことも少なくありません。財産の処分方法とともに，なぜそのように考えるのかという理由も書き添えておきましょう。

4 主な遺産が不動産である場合

複数の相続人が不動産の持分を取得して共有とする分割は，できるだけ避けるべきです。

生前の話し合い，遺言，代償分割などの方法で解決しましょう。

1　なぜ遺産分割をめぐる争いが起こるのか

多くの親は，子供たちの将来を思い量り，地道に蓄えて，財産を遺されることでしょう。また，多くの子供は，親の思いに応え，受け継いだ財産は有意義に使わなければならないと考えているでしょう。

そして，親が亡くなったときは，兄弟姉妹が助け合って幸せな人生を送ることこそが，何をおいても自分たちの息災を案じてくれた親に対する孝行だと考えるものです。

このような思いがあるにもかかわらず，なぜ，遺産をめぐる相続人同士の争いが起こってしまうのでしょうか。

相続が開始すると，相続人間で遺産分割の話し合いを行うことになります。不動産が主な財産である場合には平等に分けることは難しく，ある財産を複数の人が欲しいと思っているかもしれません。

仮に，遺産のすべてが現金であり，1円単位まできっちり分けたとしても，すべての相続人が平等な分割であったと納得するとは限りません。それぞれの思いがあるからです。学費の高い学校へ行かせてもらった兄，マイホームを買うときに援助してもらった弟，結婚後も生活の援助を受けていた姉，不良で親に苦労させた妹，両親を介護した私，それが同じ金額でいいのか……。

遺産分割のときには，これまで胸に秘めていた家族に対する思いや不満が顕在化し，それが争いの火種になることも少なくありません。

争いを回避して円満な遺産分割を行うためには，生前から，財産を整理し，家族の関係を考慮して，分割の方法を検討し，そのための準備を行っておくべきでしょう。

「相続税対策」は，相続税を安くすることと相続税の納税資金を確保することですが，遺産分割の争いは，遺産額が基礎控除額以下で相続税が課税されない場合にも発生します。円満な遺産分割のための「相続対策」が必要です。

ただし，相続人となる子が先走って「相続対策をする」と旗を振ると，親の気持ちを傷つけてしまうこともあります。

被相続人となる人にとって，相続対策は，自分の死と向き合う作業にほかなりません。十分な気遣いを忘れないようにしてください。

2　財産の棚卸しと家族の話し合い

1　財産の棚卸し

相続対策の第一歩は，財産の棚卸しであるといえるでしょう。

確実な価額を調べることができなくても，どのような財産があり，どれくらいの価値であるのかを把握しておく必要があります。

預貯金や有価証券，不動産，貴金属などの財産を確認し，負債については，その金額と資金調達の目的（どの財産とひも付きになっているか）を整理します。

また，保険契約の内容と受取人の確認も重要です。

2　家族の話し合い

あげたい財産ともらいたい財産は，必ずしも一致しません。親の考えを一方的に伝えるのではなく，子供の意見も聞いてみようという姿勢が大切です。

問題は，家族で腹を割った話し合いができるかどうかです。財産を開示した結果，生前に相続争いが起こらないとも限りません。しかし，生前に争いが起こるようなケースでは，相続後にも争いは起こるもので，長い目で見れば，やはり，十分に話し合ってそれぞれの意見を確認し，問題があれば協力して準備を行うべきであるといえるでしょう。

3　生前贈与の留意点

1　老後の生活資金の確保

財産を与えたい人に確実に与える方法は，生前贈与です。

ただし，生前贈与は，やり過ぎに注意しなければなりません。老後の面倒を見てもらうつもりで生前贈与をしたのに，その後関係が悪くなってしまった，子が財産を事業につぎ込んで失敗し老後の生活が立ち行かなくなった，というようなことも想定されます。生前贈与は，自分の老後の生活資金を確保した上で行うことが肝要です。

2　家族の話し合い

生前贈与を行う場合であっても，家族の話し合いが不要になるわけではありません。

相続開始後に生前贈与を受けていたことを他の相続人が知ったら，出し抜かれたと感じ，悔しい思いが遺産分割を拗らせる，ということも考えられます。

特に，相続時精算課税を適用した場合には，相続税の申告書を作成する作業の中で，どのような財産をいつ贈与したのかが相続人間で明らかになります。

3　非課税措置の活用

贈与税は，相続税よりも高額になるように設計されていますが，基礎控除や特例措置によって相続税の負担を軽減することもできます。

住宅取得等資金の贈与に係る非課税は，特例のメリットが大きく，マイホーム購入の予定がある場合には一考に値するでしょう。

教育資金，結婚・子育て資金の贈与に係る非課税は，資金管理契約の締結，その後の継続的な手続き，使いきらなかった場合の贈与税の課税など，いくつものデメリットがあります（第７章「贈与税のしくみ」参照）。

また，相続時精算課税（「第７章 4 相続時精算課税」参照）を利用すれば，2500万円までは，贈与税の納付なしで贈与することができます。ただし，その選択についても，慎重な判断が必要です。次の「相続時精算課税の留意点」を参照してください。

4 相続時精算課税の留意点

(1) 暦年課税に戻ることはできない

「相続時精算課税選択届出書」を一度提出すると，撤回はできません。選択の後は，暦年課税の基礎控除額（毎年110万円）は使えないということです。

(2) 相続税の課税対象は減少しない

暦年課税では，相続開始前３年前の贈与財産は相続税の課税対象になりません。たとえば，基礎控除額110万円の範囲内で10年間贈与すれば，1100万円の財産を無税で承継することができます。しかし，相続時精算課税では，2500万円の特別控除枠内の財産であっても，贈与した財産のすべてが相続税の課税対象となります。

(3) 小規模宅地の減額が適用できない

相続時精算課税制度によって贈与した土地は，「小規模宅地等の特例」の対象になりません。他に適用する土地がない場合には，相続税の負担が増える可能性が高くなります。

(4) 登録免許税等が高い

不動産の所有権移転の原因が相続である場合の登録免許税は0.4％ですが，贈与の場合には2.0％となり，さらに不動産取得税も発生します。

(5) 財産の価値が下がっても贈与時の価格で相続税が課税される

たとえば，評価額5000万円の土地を贈与した場合，相続時にその評価額が1000万円に下がっていても，1000万円ではなく5000万円が相続税の課税価格に算入されます。また，たとえば，贈与した株式が会社の倒産によって無価値となっても，贈与した時の評価額で相続税の課税価格に算入されます。

(6) 収益物件や値上がりする可能性が高い財産で相続税対策

収益物件（貸ビルなど）を贈与した場合，贈与後の収益は受贈者のものとなり，相続税の課税価格に算入する必要はありません。

また，上記(5)のとおり，贈与時の評価額が相続税の課税価格となるので，値上がりする財産を値上がり前に贈与すれば，相続税の節税となります。問題は，値上がりするかどうかの予測が難しいことです。

5　遺言の付言事項

1　遺言による財産の処分

遺言を遺せば，相続争いの心配がなくなると考えがちですが，遺贈は放棄することができ，相続人全員の合意で遺言に従わない分割を行うこともできます。

また，極端に偏った遺言は，かえって争いのもとになる可能性があります。第１章で述べたとおり，民法には，相続人の最低限の権利である遺留分が定められています。遺留分を侵害する遺言の存在は，残された遺族の絆を決定的に破壊してしまう危険を孕んでいます（「第１章23遺留分」「24遺留分侵害額請求」参照）。

遺留分を侵害しなければ問題がない，とも言えません。自分の取得する財産が他の相続人に比べて少なければ，「なぜ」という疑問が起こり，感情的なしこりを残すことになります。

2　最後のメッセージ

遺言は，死後において自己の財産を自由に処分するツールですが，それだけにとどまりません。遺言には，どの財産を誰に与えたいのかという意思を示すだけでなく，家族に対する思いや愛情を伝える最後のメッセージを記すことができます。

たとえば，生前に関係がうまくいっていなかった場合でも，これまでどのような人生を歩んできたのか，家族をどれだけ愛していたのか，死後に何を託すのか，このような思いが綴られた遺言は，もっと愛されたかった，兄弟が羨ましかった，そんな渇いた心にしみることでしょう。

相続人が，遺言に示された財産の処分に疑問を持つことも少なくありません。遺言には，財産の処分方法とともに，なぜそのように考えるのかという「付言事項」をしたためておくことが大切です。

もちろん，生前に家族で話し合い，納得のいく内容で遺言を作成するのが理想です。しかし，話し合いの後に考えが変化することもあります。話し合いの結果を記した遺言であっても，あらためて付言事項に思いを託すことが望ましいと考えられます。

6 遺産分割協議は冷静に

1 不合理な要求はしない

遺産分割に際して，自己主張ばかりする人がいると，円満に進まないことは想像に難くありません。自分の希望を伝え，他の相続人の話もよく聞きましょう。

2 感情的にならない

こんな話をしてくれた方がいらっしゃいます。「母が遺した宝石を分けるときでした。『母さんは貴方に手を焼いていた』と姉になじられ，つい，『姉さんが喧嘩しなかったのは，それだけ母さんとの関係が薄っぺらだったからよ』と云ってしまいました。売り言葉に買い言葉ですね。それからお互い意地になってしまって……。」

遺産分割協議では，感情的にならず，冷静に話し合うべきです。

3 不用意に「あげる」と云わない

しかし，よく考えずに譲り合いの言葉を口にするのも賢明ではありません。たとえば，平等に分けるべきだと考え，他の相続人もそのつもりだろうと思っているところ，両親の面倒を見てくれた兄をねぎらうために，「兄さんは親と同居し，義姉さんも親に尽くしてくれた。だから，遺産の分割は，兄さんが決めてください。」と云ったとします。兄がその言葉を真に受け，多めの財産を取得する分割案を提示すると，平等に分けようとしない兄への不信と，前言を翻して分割案を受け入れない弟への苛立ちが交錯して，争いが始まることになります。

また，最初は「家業を継いで苦労した兄さんが財産をもらってください」と云ったものの，後から「私も遺産が欲しい」という考えに変わったとき，兄は，自分がもらうべきものを奪われる，といった感情を抱くかもしれません。初めにそんなことを云われなければ，平等に分けることに納得できたのに……。

「あなたにあげる」という言葉は，相手に，「もらって当然」という認識を持たせてしまいます。

7　遺産分割はやり直せるか

1　新たに遺産が発見された場合

遺産分割は，複数回に分けて行うことが可能です。

遺産分割協議後，新たに財産がみつかった場合には，その財産についてだけ新たに遺産分割協議をすることができます。

ただし，あらためて遺産分割協議を行う負担を解消するために，遺産分割協議書に，「記載以外の遺産が発見されたときは，すべて相続人○○が取得する」といった記載をしておく方法もあります。

また，新たな財産の発見により，先の遺産分割を白紙に戻して全体としてやり直す必要がある，という場合には，次の2を参照してください。

2　相続人全員が合意した場合

遺産分割協議が成立した後であっても，相続人全員が合意すれば，遺産分割協議をやり直すことができます。相続登記も，新たな遺産分割協議書を作成し，やり直すことが可能です。ただし，税務上の問題があります。

遺産分割のやり直しは，原則として，先の遺産分割により取得した財産の譲渡，交換，贈与として課税の対象となります。登記や相続税の申告を済ませた後に遺産分割をやり直すと，多額の贈与税等の負担が伴うこともあるので，注意が必要です。

3　遺産分割が無効である場合

遺産分割協議に参加していない相続人がいたような場合は，その遺産分割協議は無効になり，遺産分割協議をやり直さなければなりません。この場合は，やり直した有効な遺産分割に基づいた相続税の計算となります。相続税の申告書を既に提出している場合は，申告期限内であれば期限内申告書を出し直して訂正します。申告期限後においては，修正申告又は更正の請求をすることになりますが，認められない場合もあります。遺産分割は慎重に行いましょう。

8 債務の分割

1 債務の分割は債権者に対して無効

遺産分割の対象は，積極財産（プラスの財産）です。借金などの債務は，相続放棄又は限定承認をしない限り，相続分に応じて各相続人（包括受遺者を含みます）に帰属することになり，特定の人が債務を引き受ける遺産分割協議を行っても，第三者である債権者に対して主張することはできません。返済能力のない相続人に借金だけを背負わせ，他の相続人が財産を取得して借金を帳消しにするといったことを防止する効果があります。

しかし，実際には困ったことが起こります。たとえば，相続人が子２人で，被相続人に１億円のマンションと１億円の銀行借入があり，そのすべてを兄が取得したとします。弟は何ももらっていませんが相続放棄はしていません。この場合，銀行は，弟に対しても法定相続分に応じた債務5000万円（１億円×１／２）の支払いを要求することができるのです。何ももらわないと決めたときは，相続放棄を検討すべきです。

放棄のほかに弟が借金を返済する責任を免除する「免責的債務引受け」という手続きがあります。免責的債務引受けは，債権者（銀行）の承諾が必要ですが，担保等がしっかりしている場合には銀行が応じる可能性があります。債権者，債務を引き受ける人（兄），債務の免責を受ける人（弟）の三者契約を締結します。

2 相続人間では有効

債務を特定の人に帰属させる遺産分割協議の決定は，共同相続人の間では有効であり，相続人間で債務引受けの契約として成立しています。

上記の例で弟が銀行に5000万円を返済した場合には，兄に対してその支払を請求することができます。

3 相続税の計算においても有効

債務の分割は相続税の計算においても有効です。

相続税の債務控除は，その相続人が承継した金額をもって行います。

4　遺産額がゼロなのに相続税が課税される場合

気を付けたいのは，債務控除は，相続人ごとに行い，相続人ごとに財産を上回る債務の額は切り捨てられるということです。

(1)　債務の切捨て

たとえば，賃貸マンションを相続する人は，そのマンションの建築のための借入金を引き受けるのが一般的です。このマンションの評価額が１億円で借入金が２億円，他の相続人が１億円の遺産を取得した場合，全体では遺産額はゼロになりますが，相続税の計算では，遺産額は１億円となります。

相続人	遺産分割の内容	相続税の遺産額
A	マンション１億円，借入金２億円	△１億円→０円
B	現金１億円	１億円
合計	０円	１億円

(2)　未分割である場合

債務の切捨てをなくして，相続税が課税されないようにする方法として，あえて債務の分割を行わない，という方法があります。

債務を引き受ける者が確定していない場合には，法定相続分，指定相続分，包括遺贈の割合に応じた金額が各人の債務控除の額となり，その債務控除の額が相続又は遺贈により取得した財産の価額を超える場合には他の相続人から控除することが認められます。債務を未分割にしておくことで，Ｂは相続税の負担をなくすことができます。

(3)　慎重な検討が必要

債務を未分割にすることで，Ｂは相続税の負担をなくすことができますが，その代わりに，債務者としての責任を引き受けることになります。したがって，この方法を利用するかどうかのキーパーソンはＢであるといえるでしょう。

相続人間の関係や今後の返済など，慎重に検討しなければなりません。筆者は，たとえ相続税を減らすことができなくても，債務者をＡに限定しておくのが賢明だと考えています。

9 限定承認をした場合

1 限定承認

相続人は，相続によって得た積極財産（プラスの財産）の限度で被相続人の債務を承継する限定承認を行うことができます（「第１章10相続の承認と放棄」参照）。すなわち，相続財産で弁済しきれない借金は承継しないということです。

2 譲渡所得の課税

限定承認をした場合において，相続財産に土地や建物のような資産があるときは，その資産を被相続人が相続人に対して時価で譲渡したものとみなされ，相続人が被相続人の準確定申告を行い，所得税を納付することとなります。

もっとも，この所得税額は，被相続人の債務になるので，相続財産の額を超える部分は切り捨てられ，納付する必要はありません。

3 限定承認のメリット

上記2のとおり，負債などのマイナスの財産がプラスの財産より多い場合は，相続財産の中に含み益のある資産があっても，譲渡所得税は切り捨てられ，結果的に課税されません。

また，プラスの財産の方が多い場合であっても，含み益のある資産のすべてを相続後すぐに売却する予定であるときは，限定承認を行うのも一つの方法です。限定承認では被相続人が譲渡所得の納税義務者となるので，翌年の住民税の課税がなく，譲渡についての税負担が少なくなります。

4 相続人全員の話し合いが必要

限定承認は，相続人全員で選択しなければなりません。熟慮期間は３ヶ月しかありませんから，早期に話し合いを行う必要があります。

10　主な遺産が不動産である場合

1　不動産を共有とする分割は最悪

主な遺産が不動産である場合には，分割は難しくなります。たとえば，遺産は「自宅の土地建物と預貯金が少し」で，自宅には残された妻と長男家族が住んでいて売却する意思はなく，しかし次男は不動産の価値も含めた上での応分の遺産を要求している，といったケースです。もちろん，自宅にローンが残っていればその債務を考慮することになりますが，ローンがない場合は，次男の要求も一概に筋違いとは言えません。

この場合に最も避けるべき選択は，兄弟が不動産の持ち分を取得して共有とする方法です。

兄家族が住んでいる家の持ち分を取得しても，弟には何のメリットもありません。将来的には，弟が兄に対して家賃の支払いや持分の買取りを求めてくるかもしれません。また，それが叶わない場合には，第三者に持分を売却してしまう可能性も否定できません。弟がそのようなことをしなくても，弟が死亡して次の代になったときはどうでしょう。一度分散した持ち分をひろい集めることは，容易ではありません。

不動産を共有にする分割は，できる限りの手を尽くして避けるべきです。

2　生前の準備が必要

(1)　話し合いによる解決

このような問題の発生は，相続開始前に予測ができることです。被相続人の生前に話し合って対策を講じる必要があったと考えられます。

(2)　遺言による解決

生前に十分な話し合いができなかった場合には，遺言を検討しましょう。

遺言には，なぜそのように決めたのか，付言事項をしたためておくべきです。たとえば，兄に自宅不動産を単独取得させるのであれば，付言事項として，「財産は兄に取得させるが，兄弟への愛情に優劣はない。兄には，母と同居して面倒を見るように頼んでいる。将来にわたるその負担を考慮して協力してほしい。」といったものが考えられます。

(3) 代償分割による解決

生前の話し合いによって解決できなかった場合に，遺言の付言事項で弟を説得するのは難しいと言わざるを得ません。したがって，遺言の内容が遺留分を侵害している場合には，遺留分侵害額請求による争いの可能性があります。

このような場合には，代償分割を検討してみましょう。兄が自宅不動産を取得し，代償金を支払って精算すれば，不動産が共有となるのを避けることができます。そのためには，代償金として支払う現金が必要です。たとえば，被相続人の生前から預金を積み立てておく，被相続人の死亡を保険事由とする生命保険契約に加入しておく等の準備を行っておきましょう。

なお，将来，相続した不動産を譲渡した場合の譲渡所得にあたって，代償分割により支払った代償金の額は，その相続により取得した不動産の取得費に算入することはできません。ただし，居住用財産を譲渡した場合には，その譲渡益から3000万円を控除する特例（措法35）を適用することができます。

(4) 配偶者居住権の設定の検討

遺言又は遺産分割協議により，自宅不動産に配偶者居住権を設定し，その所有権を兄が取得するという方法もあります。配偶者居住権の期間を終身とすれば，母が生涯その家に住み続けることができると分かって，弟の安心材料になるかもしれません。

終身の配偶者居住権は，母が亡くなった場合に消滅しますが，不動産の所有者である兄に相続税は課税されません。ただし，母がなくなる前に配偶者居住権を放棄した場合には，所有者である兄に贈与税が課税されます（第４章「18 配偶者居住権のその後の課税関係」参照）。

上記の代償分割をする場合には，これらを踏まえて代償金の検討をすることになります。

巻末資料

1 相続税の基礎控除額の早見表

法定相続人の数	基礎控除額
1人	3600万円
2人	4200万円
3人	4800万円
4人	5400万円
5人	6000万円
6人	6600万円
7人	7200万円
8人	7800万円
9人	8400万円
10人	9000万円

2 相続税の速算表

法定相続分に応ずる取得金額	税率	控除額
1000万円以下	10%	−
1000万円超　3000万円以下	15%	50万円
3000万円超　5000万円以下	20%	200万円
5000万円超　1億円以下	30%	700万円
1億円超　2億円以下	40%	1700万円
2億円超　3億円以下	45%	2700万円
3億円超　6億円以下	50%	4200万円
6億円超	55%	7200万円

3　相続税額の早見表（法定相続分を相続した場合の相続税額）

(1)　相続人が配偶者と子供の場合

（万円未満切捨て）

正味の遺産額（基礎控除前）	子の人数				
	１人	２人	３人	４人	５人
4200万円	0	0	0	0	0
6000万円	90万円	60万円	30万円	0	0
8000万円	235万円	175万円	137万円	100万円	70万円
１億円	385万円	315万円	262万円	225万円	187万円
１億2000万円	580万円	480万円	402万円	350万円	312万円
１億5000万円	920万円	747万円	665万円	587万円	530万円
２億円	1670万円	1350万円	1217万円	1125万円	1032万円
２億5000万円	2460万円	1985万円	1799万円	1687万円	1595万円
３億円	3460万円	2860万円	2540万円	2350万円	2242万円
３億5000万円	4460万円	3735万円	3289万円	3100万円	2930万円
４億円	5460万円	4610万円	4154万円	3850万円	3660万円
４億5000万円	6480万円	5492万円	5030万円	4600万円	4410万円
５億円	7605万円	6555万円	5962万円	5500万円	5202万円
６億円	9855万円	8680万円	7837万円	7375万円	6912万円
７億円	１億2250万円	１億 870万円	9884万円	9300万円	8830万円
８億円	１億4750万円	１億3120万円	１億2134万円	１億1300万円	１億 830万円
９億円	１億7250万円	１億5435万円	１億4385万円	１億3400万円	１億2830万円
10億円	１億9750万円	１億7810万円	１億6634万円	１億5650万円	１億4830万円
20億円	４億6645万円	４億3440万円	４億1182万円	３億9500万円	３億8082万円
30億円	７億4145万円	７億 380万円	６億7432万円	６億5175万円	６億3000万円
40億円	10億1645万円	９億7880万円	９億4114万円	９億1425万円	８億9167万円
50億円	12億9145万円	12億5380万円	12億1614万円	11億7850万円	11億5417万円
100億円	26億6645万円	26億2880万円	25億9114万円	25億5350万円	25億1585万円

表の見方　４億円の財産を配偶者と子２人で，法定相続分で相続した場合，子２人が相続した財産２億円に対する相続税額は，合計4610万円となります。法定相続分を相続したものとしているので，配偶者には相続税額が発生しません。

⑵　相続人が子供だけの場合

（万円未満切捨て）

正味の遺産額（基礎控除前）	子の人数				
	１人	２人	３人	４人	５人
3600万円	0	0	0	0	0
6000万円	310万円	180万円	120万円	60万円	0
8000万円	680万円	470万円	327万円	260万円	200万円
１億円	1220万円	770万円	627万円	488万円	400万円
１億2000万円	1820万円	1160万円	930万円	788万円	650万円
１億5000万円	2860万円	1840万円	1440万円	1240万円	1100万円
２億円	4860万円	3340万円	2457万円	2120万円	1850万円
２億5000万円	6930万円	4920万円	3957万円	3120万円	2800万円
３億円	9180万円	6920万円	5460万円	4580万円	3800万円
３億5000万円	１億1500万円	8920万円	6978万円	6080万円	5200万円
４億円	１億4000万円	１億 920万円	8979万円	7580万円	6700万円
４億5000万円	１億6500万円	１億2960万円	１億 980万円	9080万円	8200万円
５億円	１億9000万円	１億5210万円	１億2978万円	１億1040万円	9700万円
６億円	２億4000万円	１億9710万円	１億6980万円	１億5040万円	１億3100万円
７億円	２億9320万円	２億4500万円	２億1237万円	１億9040万円	１億7100万円
８億円	３億4820万円	２億9500万円	２億5737万円	２億3040万円	２億1100万円
９億円	４億 320万円	３億4500万円	３億 240万円	２億7268万円	２億5100万円
10億円	４億5820万円	３億9500万円	３億4998万円	３億1768万円	２億9100万円
20億円	10億 820万円	９億3290万円	８億5758万円	８億 500万円	７億6000万円
30億円	15億5820万円	14億8290万円	14億 760万円	13億3228万円	12億6000万円
40億円	21億 820万円	20億3290万円	19億5759万円	18億8228万円	18億 700万円
50億円	26億5820万円	25億8290万円	25億 758万円	24億3228万円	23億5700万円
100億円	54億 820万円	53億3290万円	52億5759万円	51億8228万円	51億 700万円

表の見方　４億円の財産を子２人で，法定相続分で相続した場合，子２人に対する相続税額は，合計１億920万円となります。

4 奥行価格補正率表

地区区分 奥行距離m	ビル街	高度商業	繁華街	普通商業・併用住宅	普通住宅	中小工場	大工場
４未満	0.80	0.90	0.90	0.90	0.90	0.85	0.85
４以上６未満		0.92	0.92	0.92	0.92	0.90	0.90
６〃８〃	0.84	0.94	0.95	0.95	0.95	0.93	0.93
８〃10〃	0.88	0.96	0.97	0.97	0.97	0.95	0.95
10〃12〃	0.90	0.98	0.99	0.99	1.00	0.96	0.96
12〃14〃	0.91	0.99	1.00	1.00		0.97	0.97
14〃16〃	0.92	1.00				0.98	0.98
16〃20〃	0.93					0.99	0.99
20〃24〃	0.94					1.00	1.00
24〃28〃	0.95				0.99		
28〃32〃	0.96		0.98		0.98		
32〃36〃	0.97		0.96	0.98	0.96		
36〃40〃	0.98		0.94	0.96	0.94		
40〃44〃	0.99		0.92	0.94	0.92		
44〃48〃	1.00		0.90	0.92	0.91		
48〃52〃		0.99	0.88	0.90	0.90		
52〃56〃		0.98	0.87	0.88	0.88		
56〃60〃		0.97	0.86	0.87	0.87		
60〃64〃		0.96	0.85	0.86	0.86	0.99	
64〃68〃		0.95	0.84	0.85	0.85	0.98	
68〃72〃		0.94	0.83	0.84	0.84	0.97	
72〃76〃		0.93	0.82	0.83	0.83	0.96	
76〃80〃		0.92	0.81	0.82			
80〃84〃		0.90	0.80	0.81	0.82	0.93	
84〃88〃		0.88		0.80			
88〃92〃		0.86			0.81	0.90	
92〃96〃	0.99	0.84					
96〃100〃	0.97	0.82					
100〃	0.95	0.80			0.80		

5　側方路線影響加算率表

地区区分	加　算　率	
	角地の場合	準角地の場合
ビ　ル　街	0.07	0.03
高度商業，繁華街	0.10	0.05
普通商業・併用住宅	0.08	0.04
普通住宅，中小工場	0.03	0.02
大　工　場	0.02	0.01

6　二方路線影響加算率表

地区区分	加　算　率
ビ　ル　街	0.03
高度商業，繁華街	0.07
普通商業・併用住宅	0.05
普通住宅，中小工場 大　工　場	0.02

7　贈与税の速算表

(1)　特例税率（直系尊属から20歳以上の直系卑属（子，孫）への贈与である場合）

課税価格		税率	控除額
	200万円以下	10%	−
200万円超	400万円以下	15%	10万円
400万円超	600万円以下	20%	30万円
600万円超	1000万円以下	30%	90万円
1000万円超	1500万円以下	40%	190万円
1500万円超	3000万円以下	45%	265万円
3000万円超	4500万円以下	50%	415万円
4500万円超		55%	640万円

(2) 一般税率（上記(1)以外の場合）

課税価格		税率	控除額
	200万円以下	10%	―
200万円超	300万円以下	15%	10万円
300万円超	400万円以下	20%	25万円
400万円超	600万円以下	30%	65万円
600万円超	1000万円以下	40%	125万円
1000万円超	1500万円以下	45%	175万円
1500万円超	3000万円以下	50%	250万円
3000万円超		55%	400万円

8 贈与税額の早見表（特例税率）

贈与財産の価額	贈与税額	贈与財産の価額	贈与税額	贈与財産の価額	贈与税額
110万円	0万円	1100万円	207万円	2100万円	630.5万円
200	9	1200	246	2200	675.5
300	19	1300	286	2300	720.5
400	33.5	1400	326	2400	765.5
500	48.5	1500	366	2500	810.5
600	68	1600	406	2600	855.5
700	88	1700	450.5	2700	900.5
800	117	1800	495.5	2800	945.5
900	147	1900	540.5	2900	990.5
1000	177	2000	585.5	3000	1035.5

表の見方　直系尊属から20歳以上の子や孫への贈与である場合，特例税率が適用され，贈与税額は，1000万円の贈与では177万円，1500万円の贈与では366万円となります。

9　直系尊属の範囲

兄弟姉妹，配偶者の父母，伯父，伯母，叔父，叔母は直系尊属ではありません。

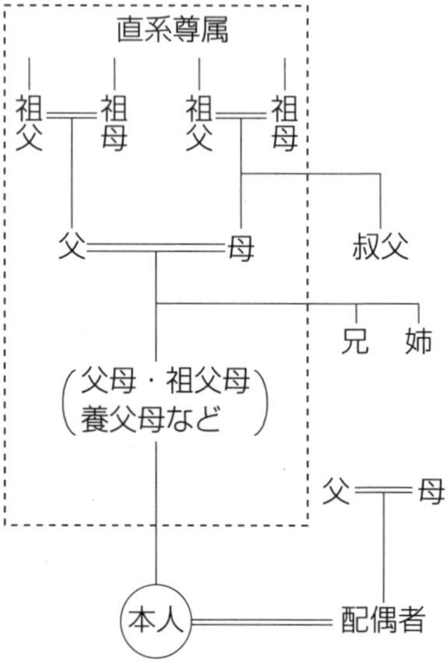
直系尊属
祖父
祖母
祖父
祖母
父
母
叔父
兄
姉
（父母・祖父母
養父母など）
父
母
本人
配偶者

10 贈与税の非課税 「教育資金」と「結婚・子育て資金」

<table>
<tr><th>区分</th><th>教育資金の贈与の非課税</th><th>結婚・子育て資金の贈与の非課税</th></tr>
<tr><td>適用期間</td><td>平成25年４月１日～令和５年３月31日の贈与</td><td>平成27年４月１日～令和５年３月31日の贈与</td></tr>
<tr><td>非課税限度額</td><td>受贈者１人につき1500万円
（うち，学校等以外に支払う金銭は500万円）</td><td>受贈者１人につき1000万円
（うち，結婚に関して支払う金銭は300万円）</td></tr>
<tr><td>金融機関等で行う手続き</td><td>① 教育資金管理契約を締結
② 教育資金非課税申告書を提出</td><td>① 結婚・子育て資金管理契約を締結
② 結婚・子育て資金非課税申告書を提出</td></tr>
<tr><td>贈与者の要件</td><td colspan="2">父母，祖父母，曾祖父母などの直系尊属（年齢制限なし）</td></tr>
<tr><td>受贈者の要件</td><td>① 教育資金管理契約締結日において30歳未満である直系卑属で，贈与を受けた年の前年分の所得税の合計所得金額が1000万円以下である者</td><td>結婚・子育て資金管理契約締結日において20歳以上50歳未満である直系卑属</td></tr>
<tr><td>金融機関等の管理</td><td colspan="2">① 受贈者は，払い出した金銭に係る領収書等を一定期間内に金融機関等に提出する。
② 金融機関等は，領収書等の確認及び記録を行う。</td></tr>
<tr><td rowspan="2">資金管理契約終了事由</td><td colspan="2">① 口座残高がゼロとなり契約終了の合意をした場合
② 受贈者が死亡した場合</td></tr>
<tr><td>③ 受贈者が30歳に達した以後において，学校等に在学していること又は教育訓練を受けていることを取扱金融機関の営業所に届け出なかった場合
④ 受贈者が40歳に達した場合</td><td>③ 受贈者が50歳に達した場合</td></tr>
<tr><td>終了時の残額の取扱い</td><td colspan="2">贈与税の課税対象となる。
（契約終了事由が受贈者の死亡の場合には贈与税は課税しない）</td></tr>
<tr><td>資金管理契約期間中に贈与者が死亡した場合</td><td>① 平成31年３月31日以前の贈与……課税なし
② 平成31年４月１日～令和３年３月31日の贈与……贈与者の死亡前３年以内の贈与に係る管理残高に相続税
③ 令和３年４月１日以後の贈与……管理残額に相続税
④ ③の相続税は，２割加算の対象
⑤ 管理残額以外に相続税の課税対象となる取得財産がない場合は，生前贈与加算は適用しない</td><td>① 管理残額に相続税
② 令和３年４月１日以後の贈与に係る管理残額の相続税は，２割加算の対象
③ 管理残額以外に相続税の課税対象となる取得財産がない場合は，生前贈与加算は適用しない</td></tr>
</table>

※ 令和３年度税制改正を折り込んでいます。

11　相続時精算課税と住宅取得等資金の非課税

区分	相続時精算課税		住宅取得等資金非課税
	一般	住宅取得等資金	
贈与者	父母，祖父母 （60歳以上）	父母，祖父 （年齢制限なし）	父母，祖父母，曾祖父母などの 直系尊属（年齢制限なし）
受贈者	直系卑属である推定相続人（子又はその代襲相続人）又は孫（20歳以上）		子，孫，ひ孫等の直系卑属(20歳以上で，合計所得金額2000万円以下)
控除額 非課税額	特別控除額：累計2500万円		300万円～3000万円
選択手続	翌年３月15日までに 選択の届出と贈与税の申告		翌年３月15日までに 贈与税の申告
相続財産への加算	贈与時の価額で加算		加算なし
適用期限	なし	令和３年 12月31日まで	令和３年12月31日まで

※　年齢は，その年の１月１日現在のものです。

12　配偶者居住権の評価に使用する平均余命年数（抄）

年　齢	男　性	女　性	年　齢	男　性	女　性	年　齢	男　性	女　性
50歳	32年	38年	67歳	18年	22年	84歳	7年	9年
51歳	31年	37年	68歳	17年	22年	85歳	6年	8年
52歳	31年	36年	69歳	16年	21年	86歳	6年	8年
53歳	30年	35年	70歳	16年	20年	87歳	5年	7年
54歳	29年	34年	71歳	15年	19年	88歳	5年	7年
55歳	28年	33年	72歳	14年	18年	89歳	5年	6年
56歳	27年	32年	73歳	13年	17年	90歳	4年	6年
57歳	26年	32年	74歳	13年	16年	91歳	4年	5年
58歳	25年	31年	75歳	12年	16年	92歳	4年	5年
59歳	24年	30年	76歳	11年	15年	93歳	3年	4年
60歳	24年	29年	77歳	11年	14年	94歳	3年	4年
61歳	23年	28年	78歳	10年	13年	95歳	3年	4年
62歳	22年	27年	79歳	9年	12年	96歳	3年	3年
63歳	21年	26年	80歳	9年	12年	97歳	3年	3年
64歳	20年	25年	81歳	8年	11年	98歳	2年	3年
65歳	19年	24年	82歳	8年	10年	99歳	2年	3年
66歳	19年	23年	83歳	7年	10年	100歳	2年	3年

13 配偶者居住権の評価に使用する複利現価率

年数	年3%の複利現価
１年	0.971
２年	0.943
３年	0.915
４年	0.888
５年	0.863
６年	0.837
７年	0.813
８年	0.789
９年	0.766
10年	0.744
11年	0.722
12年	0.701
13年	0.681
14年	0.661
15年	0.642
16年	0.623
17年	0.605
18年	0.587
19年	0.570
20年	0.554
21年	0.538
22年	0.522
23年	0.507
24年	0.492
25年	0.478
26年	0.464
27年	0.450
28年	0.437
29年	0.424
30年	0.412
31年	0.400
32年	0.388
33年	0.377
34年	0.366
35年	0.355
36年	0.345
37年	0.335
38年	0.325
39年	0.316
40年	0.307
41年	0.298
42年	0.289
43年	0.281
44年	0.272
45年	0.264
46年	0.257
47年	0.249
48年	0.242
49年	0.235
50年	0.228
51年	0.221
52年	0.215
53年	0.209
54年	0.203
55年	0.197
56年	0.191
57年	0.185
58年	0.180
59年	0.175
60年	0.170
61年	0.165
62年	0.160
63年	0.155
64年	0.151
65年	0.146
66年	0.142
67年	0.138
68年	0.134
69年	0.130
70年	0.126

著者紹介

金井 恵美子（かない・えみこ）

税理士，近畿大学大学院法学研究科非常勤講師。全国の税理士会，研修機関等の講師を務める。著書に，『十三訂版実務消費税ハンドブック』コントロール社，『プロフェッショナル消費税の実務』清文社，『できる！経理担当者入門　一夜漬け消費税（第４版）』税務経理協会，ほか。論文に，「所得税法第56条の今日的存在意義について」第26回日税研究賞入選，「所得税法における損失の取扱いに関する一考察」「消費税の研究，税率構造～軽減税率の法制化を踏まえて」ほか。

著者との契約により検印省略

平成29年７月１日　初　版　発　行
令和３年３月20日　改 訂 版 発 行

遺すため受け継ぐための入門書
一夜漬け相続税・贈与税
〔改訂版〕

著　　者　金　井　恵美子
発行者　大　坪　克　行
印刷所　税経印刷株式会社
製本所　牧製本印刷株式会社

発行所　〒161-0033 東京都新宿区下落合２丁目５番13号　株式会社 税務経理協会

振　替　00190-2-187408
FAX　(03)3565-3391
電話　(03)3953-3301（編集部）
(03)3953-3325（営業部）
URL　http://www.zeikei.co.jp/

乱丁・落丁の場合は，お取替えいたします。

ISBN978-4-419-06768-7　C3032